CB129543

GUIA DO APRENDIZ

Copyright © 1971 *Todos os direitos reservados à Editora Aliança.*
6ª edição, 14ª reimpressão, Abril/2025, do 95º ao 100º milheiro

Título
Guia do Aprendiz

Autor
Edgard Armond

Revisão
Maria Aparecida Amaral

Diagramação
Cintia Aoki

Capa
Elifas Alves

Impressão
Melting Color Gráfica e Editora Ltda.

Ficha Catalográfica

Armond, Edgard.

Guia do Aprendiz / Edgard Armond.
São Paulo: Editora Aliança, 2011.

ISBN: 978-85-88483-27-9 / 96 páginas

1. Espiritismo 2. Iniciação Espírita
I. Armond, Edgard. II. Título.

A763g CDD-130

Editora Aliança

Rua Major Diogo, 511 - Bela Vista - São Paulo - SP
CEP 01324-001 | Tel.: (11) 2105-2600 | @aliancalivraria
www.editoraalianca.com.br | editora@editoraalianca.com.br

Sumário

Preâmbulo

Havendo publicado, em 1967, um opúsculo denominado *Para os Aprendizes do Evangelho* — e reconhecendo agora a conveniência de desdobrar o assunto para documentar, detalhadamente, a criação da "Iniciação Espírita", ocorrida em 1950, na Federação Espírita do Estado de São Paulo, e orientar, de forma objetiva e clara, as várias escolas desse tipo, que se vêm criando em vários lugares do País e do estrangeiro, e, ainda, para satisfazer os pedidos de interessados, publicamos este novo trabalho, para o qual transferimos alguns períodos do referido opúsculo, que melhor se enquadram no texto.

Por outro lado visamos, com este trabalho, reafirmar o caráter liberal e universalista da Doutrina dos Espíritos, que nos obriga a todos estarmos atentos para não se fazer do Espiritismo uma seita fechada, adstrita com intolerância aos limites da Codificação — seu precioso fundamento estrutural — considerando-se que a Doutrina é de grande projeção, e muito ampla e geral vinculação cósmica.

Por isso é que sua base moral é o Evangelho de Jesus, na sua expressiva, porém, racional significação redentora, não condicionada. Jesus, o Espírito de sublimada condição, governador espiritual do planeta que habitamos, é condutor de sua humanidade e não de parte dela e qualquer tendência de caráter sectarista é uma diminuição dessa grandeza.

Nesses termos é que Ele proclamou seus ensinamentos determinando, ao final, que a Boa Nova fosse levada a todas as nações do mundo, sem restrições.

É por isso, também, que a Doutrina oferece três diferentes setores de atividades, e o que neles houver de filosofia e de ciência comparticipa dessa universalidade, pois que, sendo a filosofia o amor ao conhecimento, este não se pode restringir a uma parte somente do todo; e, sendo ciência, esta, de igual forma, não pertence senão à humanidade toda, sem delimitações ou fronteiras.

O Espiritismo, como não poderia deixar de ser, incorporou verdades preexistentes de natureza universal difundidas pelas doutrinas orientais, e reafirmadas pelo Divino Mestre no seu Evangelho, dentre as quais, entre outras:

a) da Reencarnação;

b) de Causa e Efeito, conhecida como Carma;

c) da Pluralidade dos Mundos Habitados, que por si mesma expressa projeção ilimitada;

d) do Intercâmbio entre os mundos materiais e espirituais, de ação também indefinida;

e) da Ascensão humana pela espiritualização.

Como, pois, imaginar a Doutrina com feição restrita, com reservas de conhecimentos que já existiam antes dela? Restringi-la a uma inspirada e liberal Codificação que, em si mesma, condena a limitação e proclama a universalidade dos conhecimentos? Restringir é diminuir, e só o podem desejar aqueles que têm segundas intenções, ou não lhe penetram a essência e as sublimadas finalidades redentoras.

A glória, pois, do Espiritismo está principalmente:

a) na ampliação do conhecimento sobre o mundo espiritual adstrito à Terra;

b) na popularização do intercâmbio espiritual entre seres encarnados e desencarnados;

c) na efetivação da promessa messiânica do Paracleto e do Consolador;

d) na retomada da mística da redenção, iniciada pelo Cristianismo Primitivo nos dois primeiros séculos de nossa era.

De outra parte, como o Espiritismo é considerado a Terceira Revelação, numa sequência que vem de Moisés, com o Decálogo, ampliando-se, com Jesus, pelo ensinamento da universalidade do amor — fraternidade dos homens na paternidade de Deus — é certo que a Doutrina dos Espíritos, para ser realmente a terceira, confirmando e testificando o anteriormente ensinado, deve provar que está à altura do título, revivendo o Cristianismo Primitivo, confirmando-o em seus enunciados e práticas e exigindo dos adeptos a vivência dos ensinamentos, como natural prioridade.

Mas se não exigir essa vivência, nestes termos, como poderá honrar a filiação, considerando-se que as revelações antecessoras, das quais se intitula e realmente é glorioso prolongamento no presente, revelaram-se altamente iniciáticas, transformadoras do ser humano, eliminadoras de inferioridades morais que, em mais funda análise, outra coisa não foram que agentes dessa redenção pela vivência desse amor universal e eterno?

Esta é a maior justificativa da criação desta Iniciação Espírita, nas bases em que foi feita e com as características que lhe foram dadas em 1949, porque reviver o Cristianismo Primitivo significa ensinar o que Jesus ensinou, pregar o que Ele pregou, viver dentro das regras morais que Ele estabeleceu para a redenção do homem terreno.

Considere-se, pois, que os esforços individuais desenvolvidos para isso devem possuir um determinado sentido místico, não de crer cegamente em algo, mas de formar, de maneira racional, um ideal religioso, um elo material que congregue fortemente os adeptos e os leve a realizações altas e definitivas, no campo da vida espiritual superior.

Temos a esperança de que esta publicação, apesar de transcrever alguns conceitos e instruções já formulados anteriormente, possa tornar-se útil à orientação da conduta pessoal, valha como estímulo para aqueles que se resolvam a lutar pelo seu auto-aperfeiçoamento, com vistas a uma evangelização não convencional, pragmática ou aleatória, mas verdadeira, definitiva e fecunda de realizações espirituais, indispensáveis ao apressamento da evolução de cada um.

São Paulo, dezembro de 1970

O Autor

Enunciados

1º) Não pode haver redenção, isto é, libertação espiritual, sem as transformações morais que levam à eliminação de vícios e defeitos e à aquisição e desenvolvimento de virtudes cristãs;

2º) A Escola de Aprendizes do Evangelho visa exclusivamente esses altos e fundamentais objetivos;

3º) Essas transformações se operam com a **reforma íntima**, da qual a vivência do Evangelho de Jesus é condição essencial.

1
Histórico

Observando o mundo de hoje, vemos como cresce a descrença nas almas, e o materialismo, com apoio da ciência oficial, caminha a passos largos, desvelando a Natureza e exercendo poderosa influência sobre as massas humanas desorientadas, principalmente sobre os jovens.

Também vemos como se desprestigiam rapidamente as religiões e as filosofias anódinas, vazias de sentido espiritualizante.

E como, em consequência, cada dia que passa a humanidade se torna menos virtuosa e nobre, oferecendo largo campo ao alastramento dos instintos, ao invés, como seria lógico, de se engrandecer em sabedoria e moralidade; como se ampliam as desavenças entre os homens, que se esmeram em agressividades, ao invés de se irmanarem como devem pelas origens comuns nos planos divinos.

Nesse avolumar de negatividades, o Deus verdadeiro — Criador e Pai Universal — torna-se cada vez mais distante, e o Divino Redentor vai sendo relegado à condição de mito.

E por que ocorrem tais fenômenos? O natural não seria exatamente o contrário, isto é, mais fraternidade e melhor vivência?

Certamente que sim. Mas isso decorre do precário e geral desconhecimento da vida espiritual verdadeira, substituído como tem sido, por religiões que, de certa forma, falharam e de filosofias que se perderam em abstrações e complexidades intelectivas; e, também, porque a ciência, desprezando o elemento "espírito", muito embora o tenha sempre à vista, permanece na periferia das verdades definitivas e das leis universais que regem a Criação Divina; penetrou a matéria bem fundo mas, como é natural, não obteve ainda respostas às suas indagações restritivas; canalizaram-se, em consequência, para a violência e o ódio, as energias que deveriam ser orientadas no sentido do amor e da harmonia.

Daí supor-se, e com razão, que a ciência continua, como sempre foi, rigidamente obstinada na materialidade e as filosofias fantasiam demais por saberem de menos.

Assim:

No Ocidente e proximidades: as religiões ditas cristãs e outras, encerradas em dogmas e exterioridades, nada podem oferecer agora, de verdadeiramente espiritual, aos homens mais esclarecidos; ou, aferradas à letra dos textos, se fecham, em exclusivismos, imobilizando-se em divagações teológicas obscuras e subterfúgios aleatórios, tornando-se incapazes de evoluir.

E no Oriente: prevalecem mitologias religiosas de caráter popular com ensinamentos de inegável valor iniciático, mas altamente introspectivos, que exigem demorado amadurecimento psíquico, custosos esforços de interiorização, com desprendimento excessivo do meio ambiente, do que resultam desequilíbrios e visões deformadas que não correspondem às necessidades normais da vida encarnada.

E tudo isso vai chegando agora ao desaguadouro cósmico do selecionamento cíclico que, como é de lei, acarreta sempre mudanças substanciais na vida da humanidade e do planeta que habitamos.

Há, pois, plena evidência da necessidade de uma volta urgente ao passado; aos ensinamentos simples e claros de Jesus, que conciliam as conquistas da Ciência e as abstrações da Filosofia com as realidades espirituais, isto é, da vida moral com a material, e apontam as condições justas que permitem viver e progredir sem abstenções ou fugas, assegurando aos seres humanos o benefício de poderem evoluir pacificamente, dando a César o que é de César e a Deus o que é de Deus.

É tempo de voltar à origem dos conhecimentos provindos diretamente de Jesus, difundidos nas primeiras décadas após sua morte e testemunhados pelos cristãos primitivos, antes do surgimento das inúmeras seitas divergentes, engolfadas, por fim, no século IV, na codificação do Catolicismo Romano.

Os espíritas, sobretudo os jovens, deixam-se empolgar por fortes atrativos da vida moderna, com dominação excessiva das paixões naturais; enlevam-se em demasia com a "forma", entronizando o sexo em altares pagãos; rebelam-se contra as leis; criam hábitos exóticos perniciosos; deixam-se arrastar pela licenciosidade aberta, incompatível com a harmonia e a beleza, mas afim com primitivismos já ultrapassados.

Tudo por falta de conhecimentos espirituais autênticos, ideais elevados, dignos e enobrecedores, que estimulam no bom sentido, geram confiança e fé em si mesmos, já formulados, aliás há séculos, e postos à prova pelo tempo, em regras de sábia vivência, pelo Divino Redentor.

Os que conseguiram compreender a excelsitude desses ensinamentos, tão desvirtuados por conveniências sectárias, encontrarão ali o ideal que lhes falta e que procuram: a espiritualidade sem dogmas, abstrações, mistérios e vãs promessas; e sábias regras de conduta, que lhes darão à vida direção realizadora no sentido do bem, no presente e no futuro.

E os que, saturados de descrença, desenganados de religiosidades exteriores, tenham o coração vazio de esperança, encontrarão na Doutrina o alimento substancial para suas almas, desde que lhe penetrem a verdadeira essência e o alto sentido espiritual.

Doutrina completa, versátil e eclética nos seus três aspectos de filosofia, religião e ciência, ela é a vivência que se torna padrão na hora atual do mundo, apta a solucionar inúmeros problemas humanos, de forma racional, inteligente e proveitosa à evolução planetária.

Parafraseando Paulo de Tarso, quando disse que se pode ter muitos dons, mas que se não tivermos caridade nada seremos, podemos também dizer que seja o que for que fizermos, se não nos transformarmos moralmente, nada teremos feito de definitivo, isto é, se não nos evangelizarmos, não nos redimiremos, não nos libertaremos das encarnações punitivas, em mundos baixos como este em que vivemos hoje e onde reinam a dor, a miséria, a maldade e a morte.

E há apoios fortes a essa afirmativa, bastando dizer que, ao tempo de Jesus, o mal dominava como domina hoje (obviamente em muito menor extensão) mas os recursos que o Divino Mestre recomendou para acudir aos homens e encaminhá-los, não foram os do campo intelectual, que não era o principal, mas sim e sempre os de reforma moral; pois é sabido que, nas esferas inferiores, as legiões do mal são dirigidas por Espíritos, muitas vezes, altamente intelectualizados; e, em nosso próprio mundo encarnado, vemos que os mais inteligentes nem sempre são os maiores expoentes de moralidade.

A sombra do Evangelho cristão, na forma codificada no século IV, cobre ainda vastas áreas do mundo ocidental, que têm vivido até hoje com meias verdades; e o que existia nesses tempos remotos, no campo das divergências doutrinárias, nas diversificações e no sectarismo, existe ainda hoje, sem grandes melhorias, podendo-se dizer que, do ponto de vista de religiosidade, a situação da humanidade pouco evoluiu, conquanto apresente, em outros setores, numerosos e substanciais progressos.

Mas, considerando a fonte cristã de onde proveio esse Evangelho, pode-se afirmar, em sã consciência, que as religiões dessa linha cristã não foram úteis?

Resposta: no que se refere à vida política e social das nações onde existem, foram úteis, mas não no que se refere às realizações construtivas da espiritualização humana; possuem o mérito inegável de terem ajudado a perpetuar o Evangelho conquanto modificado, mas viveram dele e não para ele; esqueceram que a principal finalidade dos ensinamentos é arrancar o homem da animalidade inferior e isso não fizeram; que o essencial dos ensinamentos é a vivência da mensagem crística, de amor universal e de paz, para todos os homens, e não a supremacia de uns sobre outros.

Cuidaram de si mesmos e da própria sobrevivência e não da redenção dos adeptos.

Nota: O Espiritismo não critica nem combate outras crenças e, muito ao contrário, as respeita e as vê de forma fraterna, por saber que correspondem sempre à capacidade do entendimento e ao grau evolutivo de profitentes e dirigentes; porém, como doutrina esclarecedora, analisa-as mais a fundo para poder orientar convenientemente, sobre verdades incontestáveis que, aliás, estão hoje suficientemente definidas no mundo.

2

A Propagação no Brasil

Antes mesmo da descoberta, segundo revelam instrutores espirituais, e perdidas as esperanças de que a nova Canaã terrestre voltasse a sedear-se na antiga Palestina, decidiu-se no Espaço, com a inspirada assistência do Divino Condutor, que fosse ela transferida para a região onde, mais tarde, veio plantar-se o estandarte das quinas lusitanas, para formar aí o grande país que é o nosso amado Brasil, berço da futura espiritualidade.

Decorridos séculos, durante os quais o território foi preservado de ambições estranhas, constituiu-se a nação liberal e fraterna, que abrigaria no futuro levas inumeráveis de irmãos nossos, oriundos de todas as regiões do globo.

Mas, transcorrido o tempo e não tendo havido evolução religiosa em condições satisfatórias para a espiritualização da humanidade, foi decidida a outorga de uma doutrina nova, realizadora das promessas do Paracleto, isenta de dogmas e exterioridades, apta a encaminhar os homens à indispensável evangelização.

Doutra parte, como não foi possível, por carência de recursos humanos e ambientais, a eclosão da nova doutrina em nosso País, nasceu ela na França, em meados do século XIX, com o concurso precioso do missionário Hippolyte Leon Denizard Rivail, que adotou nos seus trabalhos o pseudônimo "Allan Kardec", nome que possuíra em encarnação anterior entre os celtas; a ele foi atribuído o encargo delicado da necessária codificação, realizada, aliás, de forma magistral e perfeita, sob o nome de Doutrina dos Espíritos, pelo fato de não ser obra de um homem ou de um grupo de homens, mas de entidades espirituais, porta-vozes do Cristo planetário.

O insigne codificador, ocioso será dizer, não foi escolhido à sorte; além dos dotes intelectuais que possuía de educador emérito, era homem amadurecido em conhecimentos espirituais, obtidos em vidas anteriores, e altamente capacitado para a transcendente missão. E nem poderia ser de outra forma, porque o Alto não delega tarefas importantes, de projeção mundial, a indivíduos não capacitados ao seu desempenho.

Eis algumas datas a ele referentes :

Nascimento em Lion, na França 1804
Contatos iniciais em Paris............................. 1855
Investidura espiritual na tarefa....................... 1856
1ª edição de *O Livro dos Espíritos*................ 1857
Desencarne.. 1869

❖

Ao publicar-se na França esse primeiro livro, já em nosso país surgiram os primeiros agrupamentos espíritas e a Doutrina iniciava seus passos, enfrentando as dificuldades naturais a um empreendimento dessa espécie, hostilidades sociais e religiosas, próprias do ambiente ainda retardado, do ponto de vista espiritual.

Mas, apesar de nunca cessar de expandir-se e a Constituição Nacional, após a República, assegurar a liberdade de crença e de pensamento, o terreno foi sendo conquistado com extrema lentidão e, até meados do século XX, sérias dificuldades ainda surgiam, embaraçando o esforço dos abnegados servidores; médiuns eram processados, adeptos prejudicados de várias formas, a difusão pública se fazia com grande timidez, assim se refletindo até mesmo nos censos decenais da Nação, onde o número exato dos profitentes não vem sendo revelado em concordância com a realidade demográfica.

Para uns, o Espiritismo só cuidava de bruxarias; para outros, os fenômenos eram provenientes de Espíritos malignos, porque os bons não se manifestavam na Terra (aleivosia claramente ligada às crenças católicas romanas de santos e demônios); ou as sessões se limitavam a conversas tenebrosas com os mortos, sendo os médiuns feiticeiros ou endemoninhados.

Grande era a ignorância do povo sobre a Doutrina e poucos, muito poucos, mesmo entre os que se diziam espíritas (simplesmente o diziam) penetravam-lhe a essência, atingiam-lhe a finalidade reformadora, perdendo-se em generalizações, devaneios literários e filosóficos, ou pretensões de um cientificismo que a Doutrina não tem como ação específica; e, somente agora, em nossos dias, essas qualidades vêm sendo alcançadas, pois que o que faltou nos anos anteriores, foi justamente o esclarecimento adequado, a orientação doutrinária conveniente, transmitida por dirigentes hábeis, de visão aberta para o futuro, aptos à difusão no seu sentido popular, dentro da mística da redenção.

Não havia nesses dias projeção exterior satisfatória, as atividades, limitando-se a sessões mistas, em centros de direção arbitrária e pessoal ou em grupos domésticos fechados e dirigidos, via de regra, por pessoas não preparadas, conquanto animadas de muito boa vontade, sentimentos apurados e inegável idealismo.

Essa situação inexpressiva foi ligeiramente abalada quando surgiram as materializações da família Prado, em Belém do Pará, que centralizaram o interesse por esse tipo de manifestações, ocorrendo, então, um surto delas em muitos lugares, inclusive nesta Capital (São Paulo), atraindo a atenção de milhares de adeptos e curiosos.

Surgiram médiuns aqui e ali, produzindo materializações, levitações, transportes, voz direta e outros fenômenos, idênticos aos que caracterizaram o período pós-codificação, quando cientistas de várias nações, sobretudo da Europa, saíram a campo para examiná-los, no afã de desvendar a falsidade deles, acabando, entretanto, em franca maioria, por autenticá-los, prestando assim valioso concurso à difusão da Doutrina e sua consolidação.

Ao mesmo tempo, notadamente nas grandes cidades, seitas paralelas, de significação doutrinária inferior, dedicadas, mais que tudo, às práticas de terreiro, tiveram também larga expansão nesse período e ganharam acentuada dianteira, dominando áreas populosas em várias regiões do País, promovendo diversificações e confusões no entendimento do povo inculto, já de si mesmo propenso a tais práticas, pelo seu cunho utilitário e atraente aspecto exterior.

3
Novos Rumos

Para fazer face a essa situação e imprimir ao Movimento Espírita orientação mais adequada, o Alto interveio, inspirando a fundação da Federação Espírita do Estado de São Paulo, que ocorreu em 1936, com atividades primárias iniciadas na sede da Associação São Pedro e São Paulo, de onde transferiu-se, em 1939, para a sede própria na Rua Maria Paula, onde permanece até hoje, em fusão naquela data, com a referida Associação e a Sociedade Metapsíquica de São Paulo, sob a legenda "Casa dos Espíritas do Brasil".

A situação permaneceu sem maiores consequências por uns meses, até nova interferência do Plano Espiritual, em 1940, que resultou na organização definitiva da Casa, com amplas aberturas para atividades populares e novas diretrizes, como seja:

— organização administrativa adequada ao novo período de expansão;

— nova orientação doutrinária, com prioridade para o caráter religioso;

— novas bases e rumos para as atividades do campo mediúnico;

— início das atividades do campo do aculturamento doutrinário;

— primeiras tentativas da unificação das práticas espíritas;

— ampliação do setor dos atendimentos públicos.

❖

A década iniciada nesse ano foi fértil em realizações nesses diferentes setores, sobretudo com a criação de cursos e praticagens, formulação de novos métodos e programas de trabalho com amplos desdobramentos nos atendimentos.

Considerando estarmos muito próximos do início das crises anunciadas nas profecias antigas, inclusive nas de Jesus, e as revelações mediúnicas que vêm sendo feitas periodicamente desde então e, segundo as quais, o transcurso do segundo para o terceiro milênio se dará em meio a tumultos e calamidades gerais, durante as quais se processará um selecionamento cíclico, com base nos índices de espiritualização individual; e que isso se dará visando a formação de um regime social e religioso aperfeiçoado no planeta; e, considerando também que somente o setor religioso pode fornecer elementos positivos e adequados a esse transcendente acontecimento; e, ainda, tendo a Casa recebido do Alto orientação positiva e direta nesse sentido, nessa base se programaram as instruções recebidas, com prioridade para o caráter religioso da Doutrina.

Não se poderia pôr em dúvida que o Divino Mestre, com a autoridade espiritual que possui, jamais faria recomendações e promessas fantasiosas; que as profecias que fez ou endossou se referiam mais particularmente aos nossos dias atuais; e ainda, que o Espiritismo veio para esta época que estamos vivendo, como um prolongamento histórico do Cristianismo Primitivo, uma revivescência deste em nossos dias.

Nesses rumos o programa anterior foi sendo ampliado aos poucos em realizações mais avançadas, visando:

a) a metodização do mediunismo: maior conhecimento específico, estruturação do processo de desenvolvimento e criação de uma escola de médiuns com deslocamento de suas atividades para o setor científico da Doutrina;

b) aproveitamento das faculdades de efeitos físicos para o setor da assistência espiritual;

c) aperfeiçoamento de métodos e práticas para se obterem canais mais categorizados e amplos de intercâmbio com o Plano Espiritual;

d) espiritualização dos adeptos;

e) difusão doutrinária em sentido elevado e construtivo nos meios sociais, para assegurar à Doutrina a situação que lhe compete nas atividades doutrinárias nacionais.

❖

Os esforços desenvolvidos em todos esses setores foram coroados de êxito e alcançadas as metas visadas mas, mesmo assim, percebeu-se que ampla lacuna permanecia aberta: a da reforma moral dos adeptos.

Era necessário que surgisse um estímulo maior, mais concreto e decisivo, que vencesse as resistências ainda existentes, abrisse brecha na imobilidade e na rotina predominantes em várias áreas; que se oferecesse aos adeptos um ideal de empolgação mais profunda, um alvo mais direto e específico, mais significativo e valioso em si mesmo, para acelerar a difusão e dignificar mais intrinsecamente o Movimento Espírita, tornando-o mais categorizado no sentido religioso, tendo em vista principalmente a **redenção espiritual**, que é a sua mesma essência e fundamento, muito embora considerada, até então, problema simplesmente acessório e decorrente das demais atividades doutrinárias.

Urgia que fosse posta em relevo a evangelização em caráter imperativo obrigatório e sistemático, pois que sem isso a redenção não se pode dar, por mais que se fale nela e por mais que se intensifique o trabalho nos demais setores.

A obrigatoriedade era imperiosa, não como um cerceamento de livre-arbítrio, imposição inaceitável ante a liberalidade da Doutrina, mas como necessidade inadiável a ser compreendida e aceita por todos, na sua alta e justa significação, da qual, aliás, o próprio êxito da Doutrina dependia.

4
A Iniciação Espírita

Essa situação refletia-se no Plano Espiritual ligado à direção do planeta, sobretudo na parte referente ao nosso País, dada sua anterior destinação, como núcleo da futura espiritualização do mundo.

Para impulsionar o movimento doutrinário nesse rumo, realizar esse trabalho de forma objetiva, em caráter iniciático e aberto ao povo em geral, criou-se, então, na Federação, uma Iniciação Espírita em três graus ou estágios sucessivos e complementares, inspirada na situação existente na Palestina ao tempo de Jesus e na Fraternidade Essênia, que foi o elemento espiritualmente organizado que lhe deu franco e decisivo apoio em sua transcendente missão redentora.

A História, mas sobretudo as revelações que têm vindo pelos canais mediúnicos, em nosso País e no estrangeiro, informam detalhes pouco conhecidos dessa jornada inolvidável que culminou com o sacrifício cruento da cruz e do qual o Evangelho emergiu como luz para o futuro do mundo.

Examinando bem as coisas e em humilde analogia, verificamos que nesse tempo, os que se apresentavam a Jesus, sem aspirações bem definidas, eram acolhidos como aprendizes, sem compromissos de trabalho efetivo; permaneciam junto d'Ele ou periodicamente se aproximavam, limitando-se a ver, ouvir, aprender, formando o agrupamento conhecido como "Os quinhentos da Galiléia", grupo esse que se reduziu a setenta e dois quando se configurou e se tornou patente a má vontade do clero judaico.

Aos membros desse grupo reduzido, que demonstravam maior compreensão e fidelidade, Jesus atribuía tarefas menores e fornecia conhecimentos de caráter geral religioso e, em certas ocasiões, permitia que acompanhassem os discípulos mais fiéis em suas andanças pelo país. Dava-lhes instruções que deixavam clara a necessidade da testemunhação. "Ide e pregai", dizia-lhes, mas acrescentava: "curai os enfermos, consolai os aflitos, afastai os Espíritos malignos, dai testemunho de Mim", indicando-lhes que a propagação não se faz somente com palavras.

Já prestavam, portanto, serviços efetivos, colaborando na propagação das verdades espirituais, como verdadeiros servidores.

Esse grupo, à sua vez, reduziu-se a doze, quando se concretizaram as ameaças do Sinédrio, cujos delegados interferiram nas pregações com interpelações, protestos e outros meios coercitivos.

A estes últimos Jesus consagrou como apóstolos — mensageiros — alterou-lhes os nomes, confiou-lhes conhecimentos mais aprofundados, outorgou-lhes faculdades psíquicas, revelou detalhes mais importantes sobre sua pessoa, sua missão redentora, sua hierarquia espiritual e seu destino, ao término da tarefa, da qual os considerava autênticos porta-vozes Seus.

Os mesmos doze, alguns dos quais ainda vieram a fraquejar nas horas difíceis dos testemunhos, nos momentos dramáticos da prisão e da crucificação.

Os mesmos, vários dos quais, após a retirada do Mestre, permaneceram inativos, desalentados, por mais de dez anos, até que despertassem para as responsabilidades da propagação, como testemunhos vivos, e se lançassem ao trabalho, dispersando-se pelos países vizinhos ou remotos, do mundo então conhecido, e onde, em sua maioria, sofreram e morreram nas tarefas piedosas e dignificantes.

5
Esquema e Funcionamento da Iniciação Espírita

Uma iniciação com base escolar, em três graus ou estágios, os dois primeiros efetivados em uma Escola de Aprendizes do Evangelho e o último, com estabilidade permanente e definitiva, em uma Fraternidade dos Discípulos de Jesus.

Esquema:

Funcionamento:

Na Escola de Aprendizes

Inscrições livres, sem restrições.

Turmas sucessivas e independentes; programas e regras idênticos até o final do aprendizado.

Ensino dividido em duas partes: teórica e prática - a

primeira para fornecer noções de doutrina e a segunda para a evangelização propriamente dita.

Para a primeira não há exigências maiores de apuração de resultados mas, para a última, ao contrário, há rigor na condução e no controle da **reforma íntima** individual, com todas as prioridades, por ser esta a razão fundamental da existência da Escola.

Ao final do primeiro estágio — o de **aprendiz** — que é mais que tudo de ambientação ao meio, adaptação ao regime escolar, conhecimentos gerais da Doutrina e preparação pessoal, os aprendizes passam ao grau de **servidor**, no qual já se exige a testemunhação, com trabalhos em bem dos semelhantes, no campo coletivo, oferecido pela própria Casa em seus numerosos departamentos de atividade pública ou, externamente, à escolha do próprio **servidor**, caso possa ser atendida a preferência.

Ao fim deste segundo estágio os servidores, após um período probatório de três meses, são transferidos para a Fraternidade dos Discípulos de Jesus e iniciam, por conta própria e inteiro livre-arbítrio, atividades independentes com programas por eles mesmos organizados.

Neste último estágio os discípulos prosseguem nos seus esforços de aperfeiçoamento doutrinário, em caráter facultativo, frequentando cursos e trabalhos adequados, dentro ou fora da Casa sem, contudo, perderem os vínculos com a Fraternidade, da qual são partes integrantes, em caráter definitivo.

Dotados de conhecimentos satisfatórios, teóricos e práticos, estão habilitados a desempenhar com proficiência, as dignificantes tarefas que lhes cabem nos dias atuais, como propagadores do Evangelho redentor, confirmando os ensinamentos com exemplos pessoais, como nos tempos apostólicos.

❖

Desde o início dos cursos, Fraternidades do Espaço colaboram nas atividades da Escola, em tarefas específicas, como sejam: as culturais, as referentes ao mediunismo, à reforma íntima, à proteção da Casa, seus trabalhadores e familiares, aos atendimentos públicos para benefício de necessitados, etc.

A colaboração é assídua, pronta e altamente proveitosa, feita por número considerável de benfeitores espirituais e, em grande parte, por causa disso, a partir da primeira aula os aprendizes, via de regra, dão-se conta de uma cobertura espiritual carinhosa e constante, que lhes traz bem-estar, estímulos e segurança.

Esses benefícios, inútil será dizer, não lhes são prestados em caráter de privilégio, mas de auxílio para mantença da fé, do ânimo, e da confiança própria, necessários ao processamento da reforma íntima, desde que haja, bem entendido, da parte deles, sinceridade de propósitos, firmeza de atitudes, desejo inalterável de espiritualização, para se fazerem discípulos.

A progressão nos estágios sucessivos resulta da aplicação perseverante dessas qualidades, da tenacidade no esforço, da capacidade de realizações espirituais objetivas, da compreensão e subordinação aos programas, o que é apurado pelos dirigentes, por meios simples e justos, com plena consciência e colaboração dos alunos, em observações semestrais, anuais e finais dos cursos, em cada turma, separadamente.

Nessa Escola a reforma íntima é, realmente, uma batalha que se trava no campo interno e que se vence, positivamente, com recursos próprios e auxílio dos instrutores dos dois Planos, fortemente empenhados no êxito dos esforços, que se tornam, assim, comuns.

E um forte sentimento de fraternidade e recíproca colaboração liga, desde os primeiros dias, os componentes das turmas, criando-se, assim, uma atmosfera de perfeita harmonia que se transforma, nas aulas e na vida individual, em verdadeiro enlevo espiritual.

Essas circunstâncias, todas de caráter psíquico, resultam, em pouco tempo, na formação de uma mística, aliás indispensável em qualquer agrupamento humano que vise fins religiosos; não uma mística de crer cega e fanaticamente em algo, mas mística racional, que una para a conquista de uma vitória comum, destinada, neste caso, não à prática de um rito religioso, que não existe no Espiritismo, mas à formação de um ideal religioso de elevada expressão espiritualizante, coisa portanto muito diferente do que se possa pensar a respeito, sem melhor exame.

No grau de aprendiz é indeterminado o número de alunos.

O ensino teórico baseia-se na série **"Iniciação Espírita"** com aulas semanais e duração máxima de duas horas, sobre noções de doutrina, sem rigores de apuração de resultados, como já dissemos atrás.

No referente à reforma íntima, entretanto, a apuração é indispensável e se faz por vários meios, entre os quais podemos citar os temas, que são dados em todas as aulas, para desenvolvimento em casa e explanação em classe, temas que obrigam ao estudo dos textos doutrinários, desenvolvem a capacidade de meditação e de interpretação e, nas explanações em classe, revelam as inclinações, desenvolvem capacidade oratória, combatem as inibições pessoais, e servem de estímulo e emulação na conquista das virtudes morais que focalizam.

Ao termo de cada aula, após as observações do dirigente da turma, o Plano Espiritual se manifesta, através de médiuns adequados, previamente escalados, que oferecem também sua apreciação sobre o tema do dia, e conselhos e instruções necessárias e úteis ao progresso de todos.

Em cada estágio os aprendizes preenchem testes, no princípio e no fim dos períodos. No primeiro estágio o teste refere-se mais propriamente a condições pessoais, servindo também, futuramente, como meio de comparação dos progressos realizados.

Em havendo necessidade, os aprendizes são encaminhados a trabalhos da Casa, para atendimentos pessoais, e nos casos de mediunidade, recebem assistência competente, com frequência facultativa à Escola de Médiuns, ou Cursos de Triagem mediúnica.

No segundo grau — de **servidor** — prosseguem as aulas teóricas mas o aluno, já adaptado e possuidor de noções gerais da Doutrina, é levado a práticas obrigatórias de serviços aos semelhantes, com início de testemunhações evangélicas, preferentemente na própria Casa, que lhes oferece campo bastante amplo e diversificado.

O servidor tem faculdade de optar pelo setor que mais lhe agrade, conquanto seja levado a servir em todos, para complementação de conhecimentos e maior aptidão para servir futuramente em quaisquer circunstâncias, seja qual for o problema com o qual se defrontar.

Prosseguem os temas e os testes e os serviços prestados já passam a constituir elementos de julgamento, para avaliação de aproveitamento final. Se no currículo do 1º grau para eliminação de vícios, estabelecem-se prazos curtos (6 a 8 meses) para os defeitos morais — orgulho, egoísmo, avareza, etc. — não há prazo a estabelecer; via de regra, ao transferirem-se os alunos para o estágio de servidor, os defeitos que impossibilitem as tarefas do serviço no plano coletivo devem ser atacados com o máximo rigor, em constantes e assíduas tentativas de repressão, realizadas nas áreas correspondentes, isto é, praticagem de virtudes opostas aos defeitos a combater. Se o grau de aprendiz é de preparação e adaptação, o de servidor já é uma luta aberta e constante, de franca testemunhação, enriquecendo-se a caderneta individual com anotações próprias. É neste estágio que o servidor aprende a conduzir-se com retidão e alto sentido de responsabilidade pessoal, modificando seu modo de ver e de sentir as coisas do mundo, em vivência efetiva de sentido evangélico. Nesta altura já não possui vícios e seus defeitos estão sendo francamente combatidos e vencidos; sua vontade desenvolveu-se, transformando-se em força ativa à sua disposição, utilizada livremente em seu benefício para atingir as metas fixadas.

Esse estágio tem singular importância, porque é o terreno fecundo das decisões definitivas, sofrendo o servidor reações íntimas de várias origens, como as do amor-próprio, do apego aos bens materiais, e outras que lhe permitem definir-se ante si mesmo e saber se prossegue ou desiste da caminhada difícil porém gloriosa, que a evangelização exige dos que aspiram realizá-la.

Até aqui tem sido esclarecido e amparado, passo a passo, e deve agora começar a agir deliberadamente contra suas falhas, em plena consciência e inteiro livre-arbítrio.

Nas testemunhações muitos fracassam ao enfrentar os preconceitos sociais, o desconforto pessoal, a redução de comodidade, as incompreensões, os remoques, as advertências de amigos e familiares, profitentes porventura de outros credos.

Neste grau de servidores já expõem verbalmente seus temas, diante dos demais, para se desembaraçarem e se tornarem aptos aos trabalhos da difusão da palavra, quando discípulos.

Tomam parte nos trabalhos práticos para aprendizado e colaboração pessoal, do que também serão feitas as devidas anotações nas cadernetas individuais. São futuros discípulos que se armam das qualidades e dos recursos morais que o título reclama para as futuras atividades espirituais.

Ao fim deste estágio transferem-se para a Fraternidade dos Discípulos de Jesus e cessam, como já dissemos, as obrigações escolares e as servidões de serviços obrigatórios; podem afastar-se da Casa e organizar programas próprios de atividade pessoal; prosseguir, caso queiram, na frequência a cursos de aperfeiçoamento na própria Fraternidade, como, ainda, colaborar em qualquer dos departamentos da Casa, como sejam:

a) assistentes de trabalhos públicos materiais e espirituais;

b) expositores de matéria, em quaisquer de seus cursos ou escolas, desde que tenham qualidades para isso;

c) dirigentes de trabalhos práticos;

d) componentes do coral;

e) oradores em reuniões públicas, na Casa ou fora dela;

f) membros de órgãos administrativos ou direcionais da Casa.

É então quando se pode repetir para eles as palavras de Jesus: "Ide e pregai... e dai testemunho de mim..."

❖

Eis alguns dos temas propostos aos aprendizes nos dois estágios:

1º) As dores sangram no corpo, mas acendem luzes nas almas.

2º) O sofrimento é um recurso do próprio Espírito para evoluir, mas há outros mais suaves.

3º) O mundo desengana e justifica o pessimismo de muitos; mas este julgamento é uma visão imperfeita.

4º) Face aos erros, paguemos o tributo devido e nos libertemos logo.

5º) O homem retarda, porém a lei o impulsiona.

6º) A paz é uma conquista íntima do Espírito em prova.

7º) A finalidade da vida é a glorificação de Deus nas almas.

8º) O culto de um deus exterior é um retardamento evolutivo.

9º) Sem desprendimento dos mundos materiais não pode haver ascensão espiritual.

10º) "Deus não dá por medida".

11º) A verdade liberta e estimula para a redenção.

12º) Toda virtude que se conquista é uma porta nova que se abre para um mundo melhor.

13º) Nos caminhos das realizações espirituais não há quedas definitivas.

14º) A vida se afirma na ressurreição da morte.

15º) Nos graus inferiores da evolução somente os que sofrem compreendem, se humilham e se salvam.

16º) Caminhar com Cristo é superar a morte, vencer a vida e ingressar, desde já, na eternidade.

17º) Somente após superar o transitório, poderá o aprendiz conquistar a individualidade eterna.

18º) Servir com desprendimento, sem visar retribuições do mundo, é viver com sabedoria.

19º) Cultivar o silêncio é lutar pela paz interna, vencendo a agitação do mundo.

20º) Falar pouco e certo é dizer muito em poucas palavras.

21º) A vida é mudança; o dia de amanhã será diferente e marcará a vitória, se a diferença for para melhor.

22º) Não estacionar no Bem, nem progredir no Mal.

23º) Para as conquistas de ordem espiritual é bom que não haja nem entusiasmos nem desânimos.

24º) Nos caminhos de espiritualização o progresso se mede em milímetros.

6
Apuração de Resultados

Os resultados do esforço da reforma íntima são apurados considerando-se os índices dos diferentes valores registrados nas cadernetas individuais, na seguinte ordem: frequência — testes — trabalhos prestados — exames espirituais — caderneta.

Frequência

Como não se trata de ensino teórico que permite consulta *a posteriori* a livros e apostilas, para recordar e completar ensinamentos recebidos em classe, mas sim de instruções que, na sequência do currículo, nem sempre se repetem, a assiduidade é indispensável, porque também demonstra o interesse, o devotamento do aprendiz ao esforço de melhoria.

Deve-se ainda considerar que a assiduidade permite ao aprendiz colaborar, *pari passu*, nos trabalhos práticos e em outras atividades escolares, indispensáveis à formação do caráter moral e ao burilamento do psiquismo.

Os testes[1]

Em princípio e fim de cada estágio.

No primeiro grau visam identificações pessoais: caráter, temperamento, inclinações, defeitos e verificações das primeiras reações aos esforços de eliminações de vícios e hábitos perniciosos.

Teste do primeiro grau

Fumava antes?
Deixou de fumar?
Bebia?
Bebe ainda?
Jogava?
Joga ainda?
É maledicente?
Cultiva companhias inferiores?
Frequenta esportes?
Quais?
É torcedor?

1 Os testes adotados no programa da Aliança Espírita Evangélica foram revistos e atualizados conforme consta no capítulo Aprendizes do Evangelho do livro *Vivência do Espiritismo Religioso*, da Editora Aliança. (Nota da Editora)

É casado? Há quanto tempo?
Vive em paz no seu lar?
Quantos filhos?
Profissão?
É sensual?
Dá livre expansão aos instintos?

Nota: O termo "sensual" é aqui empregado na sua exata significação de inclinação para os prazeres dos sentidos físicos, não se referindo exclusivamente ao sexo. Idêntica observação se aplica ao termo "instintos". No grau de servidor, no primeiro teste procura-se penetrar mais fundo na estrutura psíquica, nos resultados dos esforços anteriores e, no segundo, avaliam-se as perspectivas do futuro do servidor, como discípulo.

Teste do segundo grau

1º) Quando sofre transtorno ou prejuízos materiais, como reage?

a) resigna-se?
b) abate-se?
c) revolta-se?

2º) Quando é repreendido :

a) humilha-se?
b) ofende-se?
c) justifica-se?

3º) Ante os erros do próximo:
a) aconselha ou repreende com brandura?
b) critica ou condena?
c) não dá importância?

4º) Ante suas misérias:
a) comove-se ou socorre?
b) atende displicentemente?
c) fica indiferente?

5º) Doutrina o próximo e dá-lhe lição de moral :
a) porque quer ajudá-lo a progredir?
b) cumpre somente o dever?
c) gosta de exibir superioridade?

Serviços prestados

Como o primeiro estágio não comporta prestação obrigatória de serviços, estes somente são exigidos no estágio de **servidor** e são realizados segundo as possibilidades de cada um, pois o que se tem em vista é:

a) o desembaraço da ação do servidor no campo coletivo;

b) o treinamento de virtudes e sentimentos, como sejam: fraternidade, desprendimento, capacidade de amar ao próximo;

c) conhecimento de processos de atendimentos materiais e espirituais em vários setores das necessidades humanas e diferentes formas de praticá-los, após a terminação dos cursos, no desempenho de tarefas que lhes couber, como discípulos.

Nota: Esses atendimentos pessoais durante o curso têm prioridade sobre qualquer outra atividade, sendo elementos importantes para a promoção ao quadro de discípulo.

Exame Espiritual

Uma vez por ano, em cada turma e ao final de cada estágio, o aluno é submetido a exames espirituais, que são a apreciação dos instrutores desencarnados, por meios mediúnicos através de médiuns educados e seguros, que se manifestam sobre os resultados do aprendizado, vistos do seu plano, com a profundidade que escapa ao nosso, e principalmente porque se referem à reforma íntima, que se opera nos refolhos do psiquismo. Esses exames servem também para a orientação do aprendiz e transmissão de conselhos, em qualquer período dos cursos, sendo, ainda, importante elemento de julgamento para as inclusões na Fraternidade dos Discípulos de Jesus.

A Caderneta

Desde o início das aulas os aprendizes recebem uma caderneta individual, de múltiplas utilidades, como sejam: escrituração das notas escolares exaradas pelos dirigentes; anotações feitas pelo próprio aprendiz sobre tudo quanto ocorra no seu íntimo e que seja útil ao aprendizado, à vivência espiritual, e reverta em benefício próprio, como, por exemplo, transformações morais e psíquicas, eliminação de hábitos e vícios ruinosos, aquisição de virtudes, melhoramentos de conduta, surgimento de faculdades mediúnicas, trabalhos realizados, etc.

A caderneta reúne dados de apreciação pessoal, de resultados dos esforços de reforma e concorre ela à apuração deles e pode conter ou não, indiferentemente, os nomes de seus portadores. Muitos preferem a representação dos nomes por números, para satisfação de escrúpulos pessoais, ou de amor-próprio, convindo, porém, considerar que o que deve interessar a todos é libertarem-se das imperfeições, para que as almas surjam à luz do dia em claridade enobrecedora e não dissimularem seja o que for, porque isso é também esforço e testemunhação.

O que se registra nas cadernetas é examinado, ao fim de cada estágio, pelos dirigentes das turmas ou pelo diretor-geral da Fraternidade, que nelas exaram uma apreciação sucinta e em caráter reservado sobre o resultado do aprendizado e as condições do aproveitamento individual, fornecendo as indicações e os conselhos que forem necessários. A apreciação é dada em caráter impessoal, sem preocupações sobre identidade, para que possa ser feita com isenção e imparcialidade.

O item "caderneta" é o quinto do grupo de valores a considerar no exame global dos esforços individuais desde o início, e nela são considerados: o esmero, os cuidados na confecção, a perfeição das anotações, os resultados alcançados, as perspectivas futuras; é, portanto, importante elemento de julgamento de resultados, que se expressa em uma nota, exarada por último, antecedendo a média geral final de cada estágio.

7

Críticas ao Sistema

Este sistema e os métodos adotados para a reforma íntima, têm dado resultados positivos e recebido aceitação geral; mas, como é natural, mereceu algumas críticas e aproveitamos esta oportunidade para comentá-las.

A caderneta individual

É um precioso recurso de autocontrole de dirigentes. Não se trata de processo confessional, incompatível com a liberdade que a Doutrina assegura a todos e apresenta inúmeras vantagens:

a) estimula o aprendiz e o acostuma a auto-exames periódicos para o desenvolvimento de capacidade e de responsabilidade pessoal;

b) ajuda a combater o orgulho e os preconceitos de inferioridade, que são sempre inibitórios;

c) alimenta a autoconfiança, pelo conhecimento de suas possibilidades e limitações.

d) ajuda a adquirir humildade, uma das maiores virtudes cristãs, capacidade de transigência, tolerância e subordinação;

e) representa para o aprendiz uma relíquia de valor estimativo, testemunha silenciosa dos esforços feitos, dos fracassos e dos êxitos; elemento de comparação nas mudanças que nele mesmo se operam; troféu de uma batalha que venceu contra si mesmo e contra as ilusórias atrações do mundo material; uma espécie de diário de atividades espirituais, sempre à mão, uma bússola que aponta e relembra compromissos de caminhos retos e conduta perfeita.

Doutra parte e do ponto de vista prático, é um simples elemento informativo a ser presente, periodicamente, aos dirigentes do curso, sobre as transições pessoais que levam ao êxito da reforma íntima, base fundamental das atividades escolares; teste valioso e conclusivo, posto face ao aprendiz, desde os primeiros dias da iniciação, para medir sua capacidade de compreensão e sujeição às regras e servidões que a reforma exige.

Jamais, porém, um forçamento, um atentado à vontade pessoal, porque nessa caderneta o aprendiz escreveu livremente o que deseja, o que julga útil ao seu próprio esforço de melhoria, não sendo, portanto, uma imposição que atente contra o livre-arbítrio, altamente respeitado em todos os casos e circunstâncias.

Ademais, quando o aprendiz se inscreve na Escola, sabe porque o faz; e o que deseja é justamente isso, a saber: transformar-se moralmente, evangelizar-se e receber o auxílio que se lhe dá para isso.

E logo às primeiras aulas isso lhe é exposto com clareza, com a advertência de que se o que busca não é exatamente a evangelização, nas bases em que a Escola a oferece, melhor será não prosseguir, porque certamente não haverá êxito na frequência.

E aqueles que, mesmo assim, persistem e não se devotam, tornam-se em curto prazo desambientados e incompatíveis. E dessa forma opera-se um selecionamento dos elementos mais aproveitáveis e de maior interesse para a propagação da Doutrina; porque a finalidade da Escola, repetimos, não é transmitir conhecimentos acadêmicos, comuns, mas, exclusivamente, encaminhar o esforço de evangelização dos que a procuram.

Por outro lado, a Escola não mantém controle de conduta propriamente dita, mas de aproveitamento do esforço de renovação; e os ensinamentos dados, as regras e instruções fornecidas, os atendimentos prestados, o auxílio para ajudar o despertamento das consciências a respeito do que é justo ou injusto, certo ou errado, concordante ou não com os propósitos íntimos da renovação espiritual, devem bastar para orientar o livre-arbítrio individual assegurando, no futuro, uma conduta reta e perfeita, quanto seja possível.

Para a Escola de Aprendizes, no primeiro grau, podem entrar todos os que o desejarem, sem restrições, inclusive de crença; para o segundo, somente se podem transferir os aprovados no estágio anterior e que se disponham aos testemunhos de serviço aos semelhantes; mas, para a Fraternidade dos Discípulos, somente os que estejam capacitados à vivência evangélica, à exemplificação pessoal no mundo exterior, como norma definitiva de conduta, em todas as circunstâncias.

Essas condições são fundamentais.

Mas, perguntam: unicamente o título de discípulo pode assegurar essa vivência no futuro?

Resposta: Evidentemente que não. O que assegura a conduta é a consciência evangélica que, a essa hora, deve estar formada na alma do servidor; sua fidelidade aos conhecimentos que recebeu e a nova mentalidade adquirida; só isso é que pode oferecer garantias; porque na vida espiritual, nada do que seja exterior pode influir ou modificar a conduta diretamente e somente seus reflexos e projeções alcançam a intimidade do Espírito na sua área de atividade psíquica.

Distintivos

Para os três estágios da iniciação foram criados, no início, distintivos especiais, considerando várias circunstâncias, como sejam:

— o valor rememorativo dos esforços feitos

— seu sentido unitivo, de fraternização

— sua utilidade como sinal de identificação

— caracterizarem o sentido evangélico da iniciação

— seguirem a sistemática dos Planos Espirituais, onde os seres se agrupam em comunidades, por afinidades sintônicas e hierarquias assinaladas por símbolos expressivos.

Mas, além disto, essa Iniciação Espírita, ao ser lançada em 1949, não foi bem compreendida por todos, na sua verdadeira e alta significação espiritual; como uma reprodução em nossos dias, de certa forma e em diminutas proporções, dos fatos do passado cristão; revivência dos mesmos ideais de devotamento aos semelhantes; a mesma disposição e coragem para sacrifícios e renúncias, nas tarefas que engrandeceram os antigos discípulos.

Humilde na analogia lembra, contudo, o trabalho apostolar da propagação da Boa Nova; o anseio dos atuais servidores de se tornarem também dignos, entre os muitos chamados, do título discípulos, que aqui se emprega sem vaidade alguma ou presunção inaceitável, porque o discípulo verdadeiro é todo aquele que segue com fidelidade os ensinamentos de um mestre ou de uma escola.

Conquanto julgassem, alguns poucos, desnecessário o rigor da reforma, tomado por exagero doutrinário, e outros, mais modernos, por masoquismo, isso não importa, porque a verdade existe por si mesma independentemente de opiniões, e sua conquista não se faz com palavras ou simples boa vontade; exige muito mais, e muito mais ainda de valores internos, provindos do fundo da consciência individual, porque nesse esforço cada um por si mesmo se glorifica ou condena.

Transcende a tudo o quanto se refere ao plano da vida material, e conquanto, também nesse plano, existam deveres a cumprir e tarefas a realizar, isso não substitui o esforço interno consciente, rigoroso e sacrificial da reforma íntima, que provoca mudanças profundas no campo da vida moral, porque isto é o mais importante.

A evangelização, diziam, é assunto pessoal, do foro íntimo de cada um, e deve ser realizada por cada um, segundo seus próprios pontos de vista e de compreensão; e os testemunhos não devem ser dados de forma assim tão obrigatória e imperiosa...

Esse temor dos testemunhos objetivos e concretos é que, em parte, motivou as reservas feitas, desestimulando, por outro lado e consequentemente, trabalhadores potenciais, que se abstiveram ou se desviaram para outros rumos, não pela obrigatoriedade da reforma, mas pelo sugestionamento dos timoratos.

Pesou também nessa balança o espírito de comodismo, o personalismo, a tendência ao imobilismo, incompatíveis com as realizações evangélicas que a Doutrina exige, fatores esses que deram causa ao retardamento da propagação doutrinária por quase um século, sendo, entretanto, tão nova !...

Mas a verdade é que se fôssemos esperar tais iniciativas ao sabor de cada qual, que se atinham a ideias sem grandeza, sem maior visão de futuro, os resultados seriam mínimos, como se têm revelado até hoje, em muitas outras religiões ou agrupamentos religiosos, inclusive no próprio Espiritismo que, um século até então decorrido após a Codificação, perdeu tempo precioso em teorizações e atividades não objetivas, limitando-se a práticas de hábitos, a estudos de gabinete, a atendimentos individuais, muito justos mas nem sempre capazes de criar raízes nas almas, nem lhe modificarem o destino, sobretudo agora nestes nossos tempos tumultuosos e libertários, que fluem com sistemática rebeldia, exigindo em todos os setores atitudes categóricas, igualitárias; nestes tempos, as doutrinas religiosas ou filosóficas, para terem êxito, devem sair a campo, colocarem-se à frente das necessidades populares, que por toda parte levantam cartazes agressivos, que definem suas aspirações irreprimíveis.

As atividades religiosas de ritmo lento ou contemplativo, contrastam com as necessidades de um mundo que caminha a grandes saltos e não mais se coadunam com contemporizações; exigem desassombro e coragem na oferta de soluções. Para sobreviverem, as doutrinas devem ter isso em conta, sob pena de ficarem extemporâneas, sacrificando, doutra parte, o próprio destino da humanidade que têm a missão de esclarecer e conduzir à redenção.

Era, pois, preciso uma providência à altura para que não sucedesse que "as pedras falassem" em nosso lugar ou, se algum bem houvesse, fosse obtido "apesar de nós".

Em todo esse tempo não houve uma compreensão clara e justa da necessidade de preparação individual dos adeptos, nos termos em que o Divino Mestre exigia dos que o procuravam, a todos encarecendo a necessidade das testemunhações pessoais e da vivência dos ensinamentos, que, com tanto amor, transmitia ao mundo.

❖

Pois foi dentro dessa compreensão, valendo-nos da flexibilidade da Doutrina, que se imaginou e foi efetivada essa Iniciação, com programas próprios, métodos adequados e originais que visavam, direta e objetivamente, auxiliar e orientar os adeptos na luta pela reforma moral, preparando-se para as tarefas espirituais, previstas no seio da comunidade nacional, com vistas a outros desdobramentos futuros.

Isso, aliás, como já dissemos, era o que na ocasião competia fazer, face às instruções do Plano Espiritual Superior, do qual a Federação era e deve continuar sendo um dos mais categorizados canais de expressão em nosso País e além dele...

8

Diretrizes

Como é incompatível com a evangelização a posse de vícios, mesmo os chamados "sociais", e defeitos, mesmo os convencionais, os aprendizes devem, logo aos primeiros dias do estágio inicial, organizar um quadro que indique o que deve ser eliminado e o que deve ser conquistado.

Examinarão essas anotações em sua verdadeira significação e profundidade, encarando as inferioridades frente a frente e sem nenhuma ideia de diminuição pessoal, considerando que todos os homens são imperfeitos, porque essa é a condição natural dos Espíritos que encarnam em mundos inferiores como o nosso; e que há um grande mérito no pôr-se a descoberto e reconhecer honestamente as falhas que se possui; e maior mérito ainda, o lutar por libertar-se delas, espiritualizando-se; e que essa luta justamente representa um valor próprio posto em ação, afirmando as qualidades do lutador e assegurando o êxito visado, ao final do esforço.

Nesse exame o aprendiz assinalará as imperfeições que se julga em condições de eliminar em primeiro lugar, começando, naturalmente, pelas mais simples, menos arraigadas à constituição psíquica ou física e, em consequência, organizará seu plano pessoal para vencê-las ou, no mínimo, reduzi-las.

Aos vícios, por exemplo, combaterá decididamente, porque são simples hábitos e bastará dispor-se a isso para que sejam facilmente eliminados, por processos conhecidos; o mesmo, porém não se dá em relação aos defeitos morais, que exigem às vezes existências inteiras e esforços tenazes para serem eliminados e, mesmo assim, sem garantias completas de êxito definitivo.

Na escala dos vícios começará pelo fumo, que, muito embora seja o mais simples e tolerável, causa prejuízos de vulto ao corpo físico, pelo qual o Espírito encarnado é responsável direto.

Nos defeitos, começará pela má conduta em relação aos semelhantes: os maus modos, a agressividade no falar e no agir, a rigidez no trato, as maneiras rudes, desabridas, a intemperança, a negligência, a impontualidade, o desprezo aos deveres da vida comum.

Evitará as más companhias, as aproximações desmoralizantes, sobretudo com o sexo oposto, os costumes licenciosos e inúmeras outras falhas conhecidas e reprováveis.

Executará esse esforço como um treinamento importante que levará seguramente aos resultados desejados, em tempo que dependa da perseverança e do rigor empregados. Não dará tréguas às acomodações, às voltas atrás, ao hábito comum de protelar e **deixar para amanhã**, na ilusão de que as coisas venham ao seu encontro gratuitamente, fugindo assim às responsabilidades da ação pessoal deliberada e imprescindível; e assim prosseguirá na rota traçada sem se deter ou olhar para trás, a não ser quando for necessário balancear os resultados.

Para mudar a conduta exercitará a brandura, a delicadeza no trato, a paciência no ouvir, a moderação no falar somente o necessário e de forma clara e sincera.

Reprimir os impulsos instintivos, as exibições de força, os revides, mesmo em relação a opositores e desafetos e acostumar-se com os contatos de qualquer espécie, com seres das mais variadas condições e estados evolutivos, considerando que todos somos irmãos, todos vivem, lutam e sofrem os mesmos quinhões de provas reabilitadoras, lembrando-se que, como aprendiz do Evangelho, já não pode mais proceder como a maioria dos homens.

Para os defeitos mais graves (o **orgulho**, por exemplo — em seus inúmeros aspectos: presunção, amor-próprio, sentimento de separatividade, vaidade, ostentação de riqueza e de poderes; o **egoísmo**, nas suas formas conhecidas: avareza, apego excessivo aos bens materiais, insensibilidade ao sofrimento alheio, frieza íntima e outros) deve o aprendiz desentocá-los das profundezas da alma e aplicar-lhes o antídoto da conduta oposta: para o orgulho, a humildade, discreta e firme, sem subserviência ou ostentação ridícula; para o egoísmo, a liberalidade no pensar e no agir, no dar-se e no servir, sem preocupações de pessoas e em tudo o quanto for possível, preservado sempre, entretanto, o equilíbrio do bom-senso e da prudência.

Essas anotações devem ser revistas no mínimo de seis em seis meses, tomando nota dos resultados obtidos e voltando à carga para as complementações aconselháveis; e tudo isso executado de dentro para fora, por vontade própria, sem alardes ou exibições, certo o aprendiz de que toda vez que conseguir eliminar um defeito estará, por isso mesmo, adquirindo a virtude oposta correspondente.

Em todos os casos, o esforço aumentará seu poder de vontade, de decisão, de realizações positivas, de capacidade de receber e cumprir tarefas, de assumir responsabilidades e inspirar confiança aos instrutores espirituais, que não perdem de vista e sustentam, de todas as formas possíveis, as tentativas de melhoria.

E em nenhuma hipótese o aprendiz estará agindo sob influência coercitiva, sugestões ou temores, provindos do exterior, pois a Escola não lhe exige algo que não queira ou não possa fazer, forçando seu livre-arbítrio; e tudo quanto ela solicita é necessário e útil ao seu progresso espiritual, para o qual, livre e espontaneamente, ingressou em seus quadros.

9
Regras de Conduta

Após a primeira aula e já tendo tomado conhecimento do sistema adotado, do programa da Escola e das obrigações e deveres a cumprir, o aprendiz deve auscultar cuidadosamente seus sentimentos e suas ideias para saber se, realmente, deseja prosseguir nesse caminho difícil da autopurificação; se possui o ideal de melhorar-se, preparando-se para os testemunhos que o discipulado exigirá futuramente.

Se a resposta for favorável, assumirá então, consigo mesmo e com Jesus, um amplo compromisso de trabalho e devotamento presentes e futuros, anotando as seguintes regras de conduta:

a) assiduidade rigorosa, aos trabalhos escolares;

b) despreocupar-se de opiniões, atitudes e interferências de terceiros; de preconceitos religiosos e sociais, que interfiram para desviá-lo do intento visado;

c) reagir a cansaços, desânimos e dificuldades de qualquer espécie, pois sabe poder contar com o auxílio dos benfeitores espirituais;

d) ter sempre à vista o quadro pré-organizado de defeitos e vícios, para regular sua repressão com prudência e equilíbrio;

e) manter rigor progressivo nos esforços de melhoria, a começar no lar doméstico, onde agirá de forma compreensiva, tolerante, bondosa, controlando palavras, gestos e impulsos menos dignos, até que a conduta se torne espontânea e natural;

f) fugir de atritos, discussões, comentários malévolos, disputas sobre o que for, cedendo sempre que possível a tudo o quanto não prejudique a terceiros ou ao seu trabalho;

g) intervir como elemento conciliador sempre que necessário, evitando, porém, interferências não solicitadas ou impositivas;

h) tratar a todos com bondade e paciência, invariavelmente;

i) ser justo e enaltecer as virtudes, sem ferir aqueles que as não possuem;

j) fazer o bem sem ostentação, aconselhando, protegendo, ensinando, ajudando, mas sobretudo esclarecendo espiritualmente, pois que essa é a maior dádiva e a que tem realmente força para transformar moralmente os homens;

k) ser sempre um exemplo vivo de boa conduta e sentimentos elevados, no lar e fora dele, para que possa merecer confiança e respeito;

l) evitar fazer proselitismo impertinente, forçando pessoas a aceitarem pontos de vista e conhecimentos que não estão em condições de compreender e assimilar;

m) semear sempre a boa semente, sem preocupação de resultados imediatos;

n) realizar esforços permanentes de melhoria, porque há sempre falhas a corrigir, coisas novas a conquistar, vivendo, como vivemos, em um mundo inferior;

o) não se preocupar em demasia com acessos a cargos, posições ou bens materiais, porque o que cabe a cada um de nós a seu tempo nos virá às mãos, da parte do Doador Eterno;

p) aperfeiçoar e desenvolver em si mesmo capacidades intrínsecas e energias potenciais, visando tarefas e responsabilidades futuras;

q) ter presente que a evangelização é um estado íntimo do Espírito e não uma mera suposição de ser o que realmente não é, ou manter aparência ilusória de situação interna que não existe;

r) ser verdadeiro em tudo e buscar perfeição espiritual com todo afã, enquanto viver;

s) compreender que nada vem do exterior que possa substituir o esforço próprio, vindo do mais íntimo da alma e da consciência despertada pelo anseio de purificação;

t) considerar que o passado de erros e acertos fez o presente, um estado já mais avançado, donde pode, como aprendiz, lançar-se agora, sob o escudo do Evangelho, a mais altas esferas de atividade espiritual; que as raízes do passado são irremovíveis, a não ser pelos resgates de sofrimento e pelos trabalhos em benefício dos semelhantes, que a evangelização favorece;

u) que, como homem do mundo, não tinha rumo ou ideal definitivo como tem agora, como simples aprendiz, e de forma definitiva e segura.

❖

Os aprendizes que, nesta encarnação, conseguem realizar-se dessa forma, são os que já se sobrepõem às influências da animalidade inferior, já se saturaram de valores negativos e aspiram situações melhores; sentem fome de espiritualidade e aspiram lançar-se nos caminhos difíceis de ascensão, sem medir sacrifícios.

Apesar de vinculados estreitamente ao mundo material, pela mente e pelos sentidos físicos, todavia a ele passarão a não mais pertencer se tiverem êxito; conquanto dependam ainda desse mundo material para a realização das provas e experiências necessárias à evolução neste atual estágio, todavia, como Espíritos, seu hábitat não é este.

Em consequência, devem lutar para impedir que a matéria física os absorva e desoriente, dominando-os com inferioridades, fechando com ilusões e enganos as rotas da ascensão; devem lutar para que predominem sobre a matéria os valores morais, os conceitos mentais, os sentimentos altos de Espíritos mais evoluídos. Tomem as rédeas de direção desse mundo interno para poderem mantê-lo equilibrado face às reações que nele se refletem vindas do mundo exterior; porque esse mundo íntimo é o verdadeiro e nele é que se equacionam os fatores que influem na evolução, esteja o Espírito encarnado ou não.

Se vencerem este passo de agora estarão preparados para quaisquer outros, porque aguçaram a vontade, provaram os valores morais, os sentimentos, e fortaleceram um ideal de superior significação e amplas perspectivas para o futuro, após a morte física; e adquiriram capacidade para tornarem suas vidas úteis desde já à comunidade humana, o que é um alto testemunho da universalidade de sentimentos que caracteriza o verdadeiro cristão.

Essa Escola prepara os aprendizes para que assim seja e assim, realmente, tem sido, desde sua criação, há vinte anos[2],

---

[2] A Escola de Aprendizes do Evangelho foi inaugurada em 06/05/1950. (Nota da Editora)

e em crescente proporção; e hoje eles são os esteios mais firmes e valiosos da estabilidade e das atividades funcionais desta Casa de Ismael e de Jesus, na ampla área que lhe compete para a propagação da Doutrina dos Espíritos em nosso País.

Por outro lado, organismos desse tipo (pois que surgirão outros) serão uma colaboração preciosa, concreta e oportuna, do Espiritismo para a redenção da humanidade terrena.

Essa é a tarefa que cabia às religiões de filiação cristã e que não foi efetivada por motivos óbvios. Se o tivesse sido — e para isso houve tempo de sobra — o cristianismo autêntico dominaria no mundo e este seria então muito diferente do que é na atualidade.

E se o Espiritismo também não fizer, com os homens de hoje — o que está aliás de certa forma ressalvado na conhecida frase: "com os homens, sem os homens ou apesar dos homens" — dele se poderá dizer a mesma coisa futuramente.

Esta é, pois, a responsabilidade individual dos espíritas verdadeiros: cuidarem de si, prepararem-se, evangelizando-se para que a Doutrina tenha êxito na missão transcendente, em razão da qual foi outorgada ao mundo de nossos dias pelo Divino Redentor.

❖

Durante o aprendizado, na luta contra as inferioridades, o aprendiz verificará, surpreso, o quanto vem sendo facilitado seu esforço e satisfatórios, além do imaginado, os resultados alcançados.

Isso se deve, duma parte, ao fato de desconhecer suas próprias forças e, doutra, o ser grandemente auxiliado pelos benfeitores espirituais, que estimulam e ajudam o esforço meritório, estendendo esse auxílio aos familiares que dele dependem; e ainda, por ser esse esforço concordante com as leis divinas da evolução.

Via de regra, as tentativas de auto-purificação são precárias e improfícuas, porque o desejo de realizá-las é simplesmente teórico e, consequentemente, superficial a decisão tomada a respeito, frouxa a vontade na execução e ausente a indispensável sinceridade.

Por exemplo: cumprindo as regras da Escola, o aprendiz, logo no primeiro semestre, deixa de fumar, mas, no fundo, gosta do vício e reluta em levar o esforço até o final. Por outro lado, o organismo, intoxicado pelo alcalóide, reage, exigindo a dose habitual. Isso leva o aprendiz a voltar atrás, fracassando na tentativa que, nesse caso, deve recomeçar, mas se o fracasso repetir-se, então somente um acontecimento que cale fundo no corpo ou no Espírito (uma interferência espiritual, um revés grave, uma doença, por exemplo) terá a virtude de recolocá-lo no caminho abandonado.

Na realidade o aprendiz, no seu íntimo, preferiu o prazer físico ao aperfeiçoamento moral; mas quando a decisão de início é firme e categórica, amparada por uma vontade forte ou uma necessidade imperiosa, a tentativa surte efeito rápido, os defeitos transformam-se em virtudes e os obstáculos se removem com notável facilidade.

A partir do dia em que comparecem à primeira aula, os aprendizes verificam também, e duma forma geral, que novos horizontes se lhes vão abrindo à frente; profundas modificações se vão processando no seu psiquismo e na saúde física; novos alentos e esperanças vão surgindo e energias desconhecidas penetram-lhes nas almas, impulsionando-os ao prosseguimento e à distensão dos esforços iniciados.

Verificam também que os sentimentos se vão modificando para melhor, em todos os sentidos; surgindo uma maior capacidade de compreender e de agir, de perdoar agravos, inclusive em relação a desafetos; de encarar e sofrer suas provações corajosamente.

Percebem como aceitam com mais facilidade e suportam com mais conformação os acontecimentos menos felizes, como moléstias, contratempos domésticos, perdas de dinheiro e outros, nos quais tinham a alma presa; mais facilmente se desprendem do mundo material, dando mais valor aos bens do espírito; desaparece o temor do desconhecido, das moléstias e da morte; cessam as dúvidas de caráter religioso em relação ao presente e ao futuro e aos poucos se vão sobrepondo às contingências e dominações da vida material, integrando-se melhor nas coisas que não têm consistência aparente, por já saberem que as realidades verdadeiras estão por detrás delas, em um mundo de harmonia e de paz, que é agora o alvo de seus mais caros anelos.

Tornam-se enfim homens novos, aos quais Jesus se referia e cujas esperanças, segurança e estabilidade, não podem ser oferecidas pelo mundo material, perecível e enganoso.

Muitos desses estados de alma habitualmente se dão com aqueles que se iniciam no Espiritismo, porém como aprendizes penetram muito mais fundo, ampla e diretamente, nesse mundo psíquico, por se terem decidido corajosamente pela evangelização, que é o ponto alto da evolução espiritual.

E, ao chegar ao fim do caminho, ao termo desta atual encarnação bem aproveitada, após tantas lutas, é natural que, assim transformados, muito mais fortes, decididos, confiantes nas próprias forças e na assistência poderosa que lhes vem dos planos invisíveis, terão conseguido, enfim, libertar-se dos mundos probatórios, onde dominam os valores negativos da animalidade inferior que por tantos séculos os dominaram, mas que agora, se os resgates do passado foram feitos, se encontrarão vencidos e relegados ao esquecimento, substituídos pelas luzes do saber e pela glória de serem discípulos.

10

Iniciação Sem Escola

Para aqueles que não têm possibilidades de frequentar escolas desse tipo, sobretudo vivendo em lugares onde elas não existem, o problema poderá ser resolvido com a AUTO-INICIAÇÃO, isto é, cada um realizando seu próprio esforço com os recursos que tiver à mão.

Para isso há duas soluções melhor aplicáveis:

Primeira solução

As escolas já existentes, como, aliás, já foi previsto na organização da Escola de Aprendizes do Evangelho, promoverão **Cursos por correspondência**[3], com instruções pormenorizadas e metódicas, enviadas aos interessados pelos meios normais conhecidos, encarregando-se também da apuração dos resultados nas épocas próprias.

Segunda solução

Onde quer que residam, os interessados em realizar esse dignificante esforço de melhoria íntima — libertar-se da ignorância religiosa e dos enganos retardadores da vida material — poderão promover sua auto-iniciação da seguinte forma:

1) Assumirão perante Jesus, diretamente, o compromisso firme e sincero de se reformarem, solicitando ao mesmo tempo que benfeitores espirituais desencarnados possam vincular-se ao seu intento, auxiliando-os e inspirando-os a bem agirem nas diversas etapas do empreendimento.

Farão duas ou três concentrações sucessivas, com hora marcada, durante as quais se abrirão para o mundo espiritual, até que se sintam penetrados da certeza de que foram atendidos e estão em condições de iniciar seu esforço;

2) Organizarão em seguida um plano de ação pessoal, levando em conta sua posição social, condições gerais de vida, compromissos domésticos e possibilidades de tempo

---

[3] Informações a este respeito são fornecidas pela Aliança Espírita Evangélica através do site www.alianca.org.br (Nota da Editora).

disponível, de forma a realizar seu esforço sem criar reações ou prejudicar quem quer que seja;

3) O **plano** abrangerá as duas partes já referidas — teórica e prática — como segue:

a) Estudos e meditações progressivas e metódicas dos conhecimentos teóricos da Doutrina, que podem ser obtidos pela leitura das obras da Codificação Espírita, de Emmanuel, André Luiz e de outros autores conhecidos;

b) Caso não disponham de tempo e facilidades, poderão adquirir a obra *Iniciação Espírita*[4], existente para isso mesmo, contendo noções desses conhecimentos destinados aos principiantes;

c) Praticagem das regras constantes deste *Guia do Aprendiz* para o 1º grau da Escola de Aprendizes, versando sobre combate aos vícios, maus costumes, maus sentimentos, repressão às más tendências e defeitos morais.

Com persistência e força de vontade lutarão nesse sentido durante dois anos, anotando em sua caderneta tudo aquilo que conseguirem realizar; darão então um balanço nos resultados e na sua posição atual, concluindo por si mesmos sobre a passagem para o segundo grau.

Novamente se dirigirão ao Divino Mestre em concentrações diferentes, abrindo-se, como na primeira fase, para

---

[4] Os livros-texto do programa da Escola de Aprendizes do Evangelho são: *Iniciação Espírita* e *O Redentor*. Nos Grupos da Aliança Espírita Evangélica esse programa é precedido do Curso Básico de Espiritismo, cujo livro-texto é *Espiritismo, primeiros passos*. (Nota da Editora)

as inspirações do Alto. Se se esforçaram e eliminaram os vícios e modificaram o trato com seus semelhantes, certamente poderão passar ao grau de **servidores**, no qual prosseguirão no combate às falhas ainda existentes e aos defeitos morais que, então, passarão a ser combatidos com redobrado vigor.

Ao mesmo tempo iniciarão a parte mais importante da reforma, que é a **prestação de serviços** aos semelhantes em geral, não uma vez ou outra, de forma aleatória, mas como regra de procedimento habitual, no ambiente doméstico, no social e no de trabalho e por todos os meios ao seu alcance, inclusive por meio de preces e concentrações em benefício de necessitados, conhecidos ou não.

Esse trabalho deve ser realizado com discrição, sem alardes, para evitar reações contrárias ou interferências exteriores, que podem prejudicar seu aprendizado.

Poderão, como medida acertada e útil, organizar o trabalho de "Evangelho no Lar"[5], que pode interessar e beneficiar aos próprios familiares e conhecidos que demonstrem desejo de participação. Essa reunião poderá com o tempo transformar-se em uma sólida base de trabalho efetivo em benefício de muitos necessitados, dali se irradiando para lugares afastados.

Após dois anos desse segundo esforço e balanceados os resultados como já mostramos, alcançados no próprio

[5] Ver orientações no livro *Vivência do Espiritismo Religioso*. (Nota da Editora)

íntimo e no setor das testemunhações, voltarão os aprendizes às concentrações de consulta ao Plano Maior, em busca de inspirações para novos avanços espirituais, neste caso para saber se estão ou não em condições de encerrar suas atividades como servidores, passando ao grau de discípulos.

A aprovação para isso será: terem combatido com bons resultados os defeitos morais ou, no mínimo, os terem reduzido de forma evidente e profunda; e terem integrado sua nova formação espiritual no conceito do amor universal.

Se a resposta que receberem for afirmativa, dirigir-se-ão mais uma vez a Jesus, para reafirmar sua fidelidade ao serviço do Evangelho, prometendo dedicar-se daí por diante, definitivamente, à sua propagação e testemunhação.

Isso obrigará os servidores a um desdobramento de programas e atividades com uma atuação permanente e definitiva, para a qual aliás já possuem um bom cabedal de experiências, conhecimentos e condições íntimas. A essa altura já se fizeram verdadeiros espíritas e verdadeiros cristãos, podendo contar com amplas aberturas no Plano Espiritual e auxílio poderoso da parte dos benfeitores espirituais, que lhes custodiaram e ampararam os esforços realizadores.

Se, em todo esse tempo de aprendizado, puder haver o concurso de médiuns, tudo será facilitado, principalmente o intercâmbio com os Espíritos desencarnados, com os protetores espirituais e os atendimentos de necessitados — desde que, bem entendido, os médiuns possuam realmente qualidades inspiradoras de confiança, o que pode ser verificado, desde o início, pelos resultados do trabalho deles e as consequências que dele decorrerem, pois que pelos frutos se conhecem as árvores.

Se, porventura, surgirem dificuldades insuperáveis de soluções por conta própria, ou não tiverem os interessados capacidade para organizar sua auto-iniciação, é de todo conveniente solicitarem, pessoalmente ou por escrito, instruções a escolas já existentes das quais tenham conhecimento, ou diretamente à Aliança Espírita Evangélica.

O esforço de reforma íntima, é bom esclarecer, deve ser executado com todo rigor possível, sem transigências com comodidades e preconceitos de qualquer ordem, sem prejudicar, como já dissemos, os deveres comuns domésticos, sociais e de trabalho, mas, muito ao contrário, exige que estes sejam realizados ainda com maior perfeição, exatidão e boa vontade.

Nas cidades onde houver um grupo que deseje realizar o esforço por conta própria, as facilidades serão maiores e, nesse caso, o mais capacitado e que inspire mais confiança será o dirigente.

Nota: Nada impede que a reforma íntima seja realizada a título precário por indivíduos isolados ou em grupos, quando não existam escolas apropriadas, porque evangelizar-se é um direito de todos; e pontos de vista, preconceitos ou exclusivismos, mesmo quando partidos de organismos direcionais, não devem servir de obstáculos a tão necessária e urgente realização popular. Não podendo ou não desejando levar-lhes o conhecimento, devem, no mínimo, dar-lhes assistência e orientação dessa maneira.

11
Comentários Finais

1) Com o Velho Testamento os homens reverenciavam a Deus poderoso e punitivo que, nos salmos e nas profecias, fazia-se presente às atividades humanas de forma objetiva; mas com Jesus abriram-se novos horizontes iluminados pelo amor, pela esperança e pela certeza de uma vida mais feliz, nos reinos espirituais.

2) Agir pelo Bem é como amealhar tesouros que reverterão em nosso próprio benefício, quando deles necessitarmos. Assim, nos celeiros de Deus, acumulamos recursos de vida feliz para a eternidade.

3) Obedecer às leis de Deus em tudo e sempre, eis a sabedoria maior. Aqueles que ouvem e esquecem, constróem na areia casas efêmeras que facilmente desmoronam; mas os que são fiéis às leis, plantam alicerces firmes e jamais ficarão ao relento; assim são edificações argamassadas com o amor conforme Jesus ensinou, e que são eternas.

4) Conforme disse um autor inspirado, a alma do discípulo é como um reduto sitiado por forças hostis, que buscam, infatigavelmente, abertura por onde penetrar; mas a vigilância constante, pela comunhão espiritual e o coração limpo de maldades, representam defesas invencíveis.

5) Conservar a confiança em Deus e prosseguir corajosa e persistentemente, nos caminhos traçados para a espiritualização própria, eis a atitude dos que querem vencer, pois que as dúvidas e as vacilações retardam a marcha, fazem perder tempo e são fontes perenes de sofrimentos evitáveis.

6) Manter o bom ânimo e a alegria é condição importante na luta pela espiritualização, porque a inquietação e o temor causam grande dano, enfraquecem a alma e a isolam das forças protetoras. A alegria espanca as sombras, dá forças e restaura o equilíbrio psíquico.

7) Recebam com amor a todos os que os procurem, porque a muitos podemos dar alguma coisa de nós mesmos e bom será que os necessitados guardem desses encontros lembranças favoráveis. De tudo o que dermos receberemos de volta, centuplicadamente, bênçãos e graças de eterno valimento.

8) Nunca suponham os aprendizes serem demasiadas as tarefas recebidas, pois que, se as receberam, é que poderão suportá-las, porque a força do Divino Mestre reside em nós quando agimos em seu nome e também porque Deus, como disse um venerável instrutor, "quando põe sobre nossos ombros uma carga pesada, nos ajuda a sustentá-la com seus próprios braços".

9) Mesmo em meio às maiores dificuldades, privações e fracassos, a presença dos seres amados traz conforto e estímulo. Assim também deve ser em relação ao Divino Mestre: sabendo que Ele estará sempre com seus discípulos, isso conforta, estimula e traz alegria e paz de espírito.

10) "Buscai primeiro o reino de Deus e sua Justiça..."

Não se deve buscar com ansiedade os bens do mundo, porque são transitórios e efêmeros.

Nos mundos inferiores os homens buscam, em primeiro lugar, as coisas materiais, e só em certas circunstâncias as do espírito. Mas as primeiras são nos dadas por Deus segundo nossas necessidades de momento e conveniências encarnativas, ao passo que às últimas cabe a nós conquistá-las, aperfeiçoando-nos espiritualmente, para a vivência eterna.

"Cuidai das coisas do espírito que das materiais cuidaremos nós" dizem os benfeitores espirituais, duma forma alegórica, para nos advertirem dessas verdades.

11) "Não importa que choremos de noite — afirma um instrutor espiritual — se as alegrias voltam pela manhã com as luzes deslumbrantes de sol". Essa é a chama da esperança que não morre e o estímulo para a retomada infatigável dos esforços da ascensão para Deus.

12) Não nos atemorizemos com as dificuldades da vida, pois que elas são de todos os que vivem. Do alto de um morro, donde enxergamos um vasto horizonte, como nos lastimarmos das canseiras da subida? Agradeçamos, isso sim, a visão das metas, para as quais caminhamos, pois que, se as vemos, é porque já estão mais próximas. Igualmente rejubilemo-nos com os sofrimentos do passado, porque através dele é que nos vieram as experiências e a sabedoria que nos trouxeram até aqui onde estamos.

13) Para os que lutam bastam as preocupações e o peso das horas de cada dia. Se juntarmos a isso preocupações sobre o passado e o futuro não aguentaremos a carga. Por isso mesmo é que Deus cerra aos encarnados a cortina do tempo.

14) O que se pede a Deus certamente que se recebe desde que seja coisa justa, e nestes mundos inferiores, há muita coisa a pedir para suportar a vida que neles se leva; mas o esforço próprio deve preceder o pedido porque, na vida espiritual, quase tudo deve ser conquistado e não solicitado.

15) A compreensão do verdadeiro sentido do Evangelho só se obtém com o amadurecimento do Espírito. Com a compreensão surge na alma o ideal do aperfeiçoamento, da espiritualização, e o aprendiz torna-se apto a realizar a reforma íntima com perseverança e sinceridade.

A reforma não é um título que se receba, mas uma transformação que se opera no mais íntimo da alma, visando a libertação dos tormentos, misérias e temores da vida inferior e a ascensão para mundos melhores, mais altos e perfeitos.

Desenvolver esse ideal e criá-lo nas almas que ainda não o possuem, essa é a verdadeira finalidade da Iniciação Espírita. Entender de outra maneira é cometer erro paralisante do movimento ascensional, retardar a evolução de milhares de almas irmãs, para as quais o Divino Condutor mantém abertas as portas do seu Reino; porque foi justamente para isso que semeou no mundo os insuperáveis ensinamentos do seu Evangelho redentor.

❖

Ao encerrar este trabalho convém ainda perguntar:

P — Como consolidar a Fraternidade dos Discípulos de Jesus e a Escola de Aprendizes do Evangelho, bases fundamentais da iniciação?

R — Conservando e aperfeiçoando, mas não modificando levianamente: a) a característica religiosa predominante; b) a filiação evangélica operante não somente interpretativa; c) a finalidade fundamental redentora do trabalho; d) a obrigatoriedade do esforço de reforma; e) a formação cuidadosa de expositores e dirigentes que, preferentemente, devem ter passado pelos mesmos graus de acesso; f) a multiplicação das escolas nas mesmas bases e finalidades.

Se isso for feito, grandes serão os frutos do trabalho comum e o Brasil virá a ser, realmente, a pátria do Evangelho e a Doutrina dos Espíritos alcançará seus alvos redentores, configurados no binômio: amor e sabedoria.

12
Transcrições

Do opúsculo citado *Para os Aprendizes do Evangelho* transcrevemos aqui os capítulos seguintes que, inteiramente, se integram e completam este trabalho.

O mundo interno

Em todos os casos, sejamos ignorantes ou sábios, retardados ou evoluídos, tudo o que se faz a Lei registra, e nada escapa à sua surpreendente flexibilidade. No esforço de esclarecimento próprio, ler, interpretar, colaborar na divulgação da Doutrina, obter conhecimento teórico, tudo isso é fácil; oferece atrativos e até causa deleite, porém só vale o que se passa no íntimo.

O mundo interno é que é o nosso mundo. Não vivemos para solucionar os problemas do Universo, porque estes já estão desde sempre solucionados por Deus. Nosso problema é a questão evolutiva, o desenvolvimento do Eu individual. Porque há um céu interno, feito de valores divinos, que devemos revelar, exteriorizar, se bem que, muito ao contrário, o que sucede é que os homens mais se devotam às coisas exteriores, preocupando-se com problemas inúmeros, pertencentes quase todos à criação divina e, portanto, já elaborados e solucionados, desde sempre, por Deus.

Esses problemas exteriores, para que se os conheça basta que se lhes dê atenção, que se os estude, utilizando-se da inteligência e, nesse esforço, mesmo quando se descubra coisa nova, nada mais se faz que penetrar em terreno já conhecido antes, já existente antes, unicamente ainda desconhecido para nós. Mas o campo interno, esse precisa ser edificado por nós, realizado e revelado por nós mesmos; esse é que é o nosso problema fundamental, para solução do qual fomos criados, encarnamos e desencarnamos, sofrendo e aprendendo sempre.

Nada que seja exterior nos dará felicidade, nem resolverá nossa equação espiritual, antes que primeiramente o campo interno tenha sido conquistado, edificado e revelado por nós, com sacrifício, perseverança e sofrimento, e antes que, para essa solução, saibamos manejar a arma poderosíssima do Evangelho, isto é, a do amor, porque esta é a chave maravilhosa que abre todas as portas do mundo espiritual. Foi isso que Jesus revelou como fundamento de seus ensinos e foi com isso que Ele apontou o caminho da Redenção.

O amai-vos uns aos outros é isso ...

Ele nos mostrou até onde podemos ir no esforço imenso da evolução, dizendo que o Reino de Deus está dentro de nós; e por isso nosso pensamento principal deve ser esse de revelar o Eu interno, despertar em nós as virtudes crísticas, realizar em nós o Reino de Deus, para vivermos nele e nos libertarmos do círculo das reencarnações punitivas.

A esse esforço glorioso de realizar o amor, criando-o, primeiramente, em nosso coração e depois expandindo-o para fora com o intuito de com ele beneficiar o mundo, é que devemos intensamente nos devotar.

Este é o acrisolamento de toda a iniciação, seu ponto alto, definitivo, porque o amor é o fator transcendente da evolução, o único que constrói para a eternidade e que representa o rumo seguro e certo para a edificação, desde já, do Reino de Deus na Terra.

As etapas dos resgates

A Doutrina Espírita é severa no expor essa questão, porque, simplesmente, expõe a verdade, segundo ela se apresenta nos planos da vida espiritual.

Assim, esclarece que a libertação do Espírito, em relação aos males praticados, subordina-se às seguintes etapas:

1) Compreensão do erro;

2) Arrependimento;

3) Expiação da falta;

4) Reparação.

O Espírito culpado só se libera da cadeia dos resgates quando passar por essas quatro fases sucessivas e complementares do processo, para qualquer das quais necessita coragem e boa vontade. Enquanto não o fizer, permanecerá nas trevas e na infelicidade, vendo fechados para ele os caminhos da ascensão.

Não é necessário dizer que não se pode resgatar todos os erros numa só vez; o Pai Celestial não dá a seus filhos cargas excessivas; cada vez se paga uma dívida, encerra-se um ciclo do Carma, vira-se uma página do livro da vida. E nem tampouco os resgates são feitos de acordo com a ordem cronológica das transgressões; resgata-se numa vida aquilo que foi julgado compatível com as circunstâncias do momento, seja qual for o tempo em que a transgressão tenha sido praticada.

Espíritos endurecidos ficam séculos afundados no mal, e, antes que ocorra o tédio, pelo desgaste natural do tempo, ou haja alguma intercessão benévola a seu favor, não retornam aos caminhos da ascensão.

Tomemos por exemplo um Espírito de condição evolutiva inferior, ainda capaz de cometer violência e mortes.

Vivendo entre sombras, sua consciência ainda não despertou para a realidade da vida espiritual superior, porém quando tal coisa suceder, estará em condições de iniciar o resgate de seus erros pretéritos; compreenderá que é sagrada a oportunidade da vida na carne e que destruir o veículo material é acumular pesadas responsabilidades e sofrimentos no futuro.

Entretanto, a compreensão unicamente não basta; se não se arrepender sinceramente, chorar suas fraquezas, assumir consigo mesmo o compromisso de melhoria espiritual, não entrará sequer no caminho da reabilitação.

Porém, quanto tempo passará antes que realize esse segundo passo? As forças do mal o solicitam insistentemente e o Espírito ainda é frágil para resistir a elas com vantagem.

Mas, mesmo que triunfe e se arrependa e delibere reabilitar-se, somente isso basta? Não basta: o devedor continua devendo suas dívidas; o arrependimento não as redime e a terceira etapa deve ser infalivelmente enfrentada.

Vem, pois, a expiação: o Espírito vai sofrer o que fez sofrer para que, então, pague o débito e ponha-se em dia com a justiça divina, desde que, bem entendido, sofra a expiação com espírito de humildade e subordinação à Lei de Deus. Mas, terminada a expiação, estará o Espírito reabilitado? Ainda não, porque, se deu os três passos anteriores, agindo no plano individual em benefício de si mesmo, os males praticados no plano coletivo, contra o próximo, continuam de pé, a espera de ressarcimento.

Por isso o culpado entra na última fase, a de reparação, durante a qual deve desfazer o que fez, reparar suas consequências e compensar as vítimas, beneficiando-as com o seu auxílio espontâneo, com a sua assistência amorosa, fraternal.

Então sim, e só então, estarão as dívidas satisfeitas até o último ceitil, terminados os resgates, redimido o Espírito perante si mesmo e perante Deus; contrito e maravilhado, entra ele agora no caminho da felicidade espiritual.

Preparação

Observando o mundo, como se estivéssemos fora dele, em uma torre imensamente alta, veríamos como não existe paz e fraternidade em parte alguma e como a humanidade, desorientada, corre em todas as direções, sem saber bem o que quer, ou para onde vai; e lutam os homens uns com os outros e se revoltam e se desesperam. Vendo isso compreenderíamos, então, como a dor e a morte governam no mundo.

Assim sempre foi e continua a ser nos nossos dias, porque as leis que ainda imperam no coração do homem são as do instinto e da animalidade.

Mas quantos emissários divinos já desceram do Plano Espiritual para mostrar caminhos diferentes, que levam para o amor? E quanto já não se sacrificaram, tentando levar os homens para rumos mais justos e acertados?

E ainda nos cantam aos ouvidos as palavras carinhosas esclarecedoras daquele — maior de todos — que por último esteve entre nós, no mais sublime intuito de libertar a humanidade de seus sofrimentos, da cegueira mortal, e do desvairamento.

Mas entregando seu corpo à morte cruenta na cruz, selando com seu sangue a tarefa sublime da salvação, plantou Ele raízes tão fortes no coração dos homens, deixou no chão marcas tão profundas de seus passos, que sua lembrança não se apagou jamais e seus ensinamentos sobreviveram como uma grande luz a iluminar as trevas do mundo.

Jesus, como Ele mesmo disse, venceu a morte, glorificando a vida eterna do espírito; e iluminou os caminhos escuros com as luzes de seu Evangelho de amor e de paz, que desde então, e muito mais agora, se torna o único e verdadeiro recurso capaz de redimir a humanidade e afastá-la dos abismos terríveis do aniquilamento.

Sabendo disso é que Jesus informou a seus discípulos que, ao termo do ciclo, haveria a separação de bons e de maus, conquanto desejasse redimir a todos.

Essa é a tarefa que cabe aos discípulos de hoje, não de visão curta, mas bem ampla: ajudar para que o maior número possível de irmãos nossos se esclareçam enquanto é tempo, penitenciem-se e enveredem sem mais tardança, pelo caminho que leva ao reino prometido...

O chamamento reboa dos céus para que essa Terra, transfigurada e santificada pelo sofrimento de tantos, se torne apta a receber em seu seio uma humanidade regenerada e feliz.

Como evoluir mais depressa

I

O Espírito para evoluir precisa purificar-se.

Quando involui para adquirir forma aparencial, materializou-se, e, nas provas da vida inferior, adquiriu defeitos e deixou-se dominar por paixões que ainda conserva.

Esses defeitos são justamente os obstáculos que impedem a purificação.

Dentre eles o egoísmo é aquele que mais alimenta o Eu inferior e o indivíduo somente evolui quando vence as inferioridades; quando consegue viver com os pensamentos postos em alvos elevados fora da matéria e das paixões do mundo inferior encarnado.

E não há maior ideal que unir-se a Deus, unindo-se ao próximo. Mas como Deus está acima de nossa atual compreensão, devemos focalizar Jesus — o Divino Mestre — entidade espiritual, que é uma imagem de Deus acessível aos homens, correspondendo a todos os nossos anelos, tendo a Ele como um padrão divino de vida moral, alvo muito acima de nós, mas que se torna próximo quando nos esforçamos por alcançá-lo.

Basta, às vezes, um curto período de vida e de esforços bem conduzidos, rigorosamente dentro da lei espiritual, para evoluirmos mais depressa que em cem anos de vida improdutiva.

Se Jesus é o alvo a atingir e o Evangelho é o caminho para esse alvo, nenhuma vacilação devemos ter em penetrarmos nele, dentro das regras e condições exigidas.

Assim, a vida do aprendiz é cheia de estímulos porque noite e dia trabalha e se esforça no silêncio e na meditação, para atingir esse alvo, reprimindo, cada dia com mais intensidade e determinação, os impulsos que vêm do Eu inferior; e nesse esforço também, dia por dia, a partícula divina, que jazia sepultada ao peso da matéria, vem surgindo para fora, como luz que sobe por detrás de um horizonte escuro.

É como está figurado na parábola evangélica "A semente que cresce": tal o reino de Deus, como um homem que lança a semente sobre a terra; e que dorme e se levanta e a semente brota e cresce sem ele saber como. Porque a terra, por si mesma, produz primeiramente a erva, depois a espiga, e por último, o grão.

O animal se transforma pela purificação em Espírito de luz autêntico e visível: o coração se vai dulcificando, os sentimentos mudando e o aprendiz se sente crescer, expandir-se diariamente, como uma chama que fulgura cada dia mais.

O desprendimento, o desinteresse, a repressão ao Eu inferior, devem prosseguir infatigavelmente, até que o tempo, passando, mostre as mudanças que se operaram e assim, período a período, dia por dia, as mudanças se vão acumulando, e o aprendiz vai galgando os degraus da evolução.

O endeusamento do Eu inferior normalmente é a principal preocupação do homem encarnado, que se deixa engolfar completamente pelas atrações ilusórias do mundo material, e é dessa atração, que está em tudo, que o aprendiz deve libertar-se se quiser evoluir mais depressa, e tornar-se digno de habitar esferas mais perfeitas do mundo espiritual; somente assim subirá para as luzes das moradas felizes.

II

"Das forças íntimas da renovação, a mais poderosa é a do amor ao Bem". Quando essa força começa a surgir em nós isto é sinal de que devemos tomar as rédeas da evolução em nossas próprias mãos, emergindo das sombras da ignorância e da inconsciência.

No plano espiritual mais chegado à Terra, o Espírito já despertado para o Bem assume compromissos de renovação íntima e colaboração no plano coletivo, e assim reencarna.

Essa preparação exige, antes de mais nada, a reforma íntima, operação custosa, sacrificial, testadora de vontades, mas sempre gloriosa ao final, quando há êxito; e sem ela não pode haver sucesso em realização alguma, mesmo quando as sanções corretivas continuem a incidir sobre os recalcitrantes.

Mas, de livre vontade, quantos se recordam dos compromissos e os realizam? Quantos corajosamente os iniciam? A maior parte é tomada de roldão pelas tentações do mundo e negligenciam ou se negam. Entretanto, esse é o único caminho e quando os obedientes e sensatos resolvem entrar por ele, não pode haver recuos sem redobramento de corretivos, pois que a Lei é severa; e é com os pensamentos postos nesse quadro e os olhos presos às metas marcadas que o aprendiz deve caminhar sem desfalecimentos, vencendo as etapas sucessivas, uma por uma, até o término do esforço engrandecedor.

E assim como ocorre com a semente na terra, que pela manhã já mostra seus brotos, assim brotam no seu coração as virtudes evangélicas da renovação.

É incrível a rapidez com que se operam em nosso íntimo essas transformações redentoras e como cresce depressa, sob as luzes do Evangelho, a seara dourada do amor e da esperança!

Na medida em que mais e mais no devotamos, mais intensamente age a força renovadora até que brilhe em nós, para fora, como um raiar de sol; e à medida que caminhamos, tudo em torno se vai vestindo dessa luz, tornando o nosso caminho claro e belo, com os obstáculos todos à vista, fáceis de transpor.

E só então compreendemos como é poderosa e real a força renovadora do Evangelho e que a palavra "religião" nada significa em si mesma enquanto não se transformar em realizações íntimas, concretas, conquistadas com o próprio esforço e o suor do rosto, numa trajetória de sacrifícios que deixa marcas bem visíveis no chão que foi pisado.

Compreendemos que essa força é o amor imenso do Cristo agindo em nós, abrindo-nos olhos e corações, para que se veja como se opera a ressurreição nas almas pecadoras que, nessa altura, já podem refletir para as trevas do mundo um pouco de suas próprias luzes nascentes.

Nota: A iniciação espírita evangélica difere da iniciação clássica oriental, porque na primeira os aprendizes não se isolam do mundo, lutam no aconchego moral e afetivo dos companheiros e sabem que lhes está assegurada, pela bondade de Deus, a assistência amorosa, constante e sábia, dos protetores espirituais.

III

O corpo orgânico:

O perispírito, como matriz fluido-magnética, não se altera numa mesma encarnação, como estrutura; o mesmo, porém, não sucede com o corpo denso, que sofre alterações de tempo, de acidentes, de moléstias, de traumatismos morais e outros.

O corpo é sustentado por energias de diferentes origens: as provenientes dos reinos da Natureza, pela alimentação; as da atmosfera, pela respiração; as do Cosmo (raios e ondas) e as do campo mental, oriundas do próprio Espírito.

As primeiras interessam às células orgânicas, na sua formação, sustentação e substituição e tendem a **densificá-las**, como elementos próprios que são do mundo material; as absorvidas pela respiração queimam resíduos do metabolismo orgânico, vitalizam o sangue, dão calor ao corpo; as provindas do Cosmo penetram os chacras, passam aos plexos, alimentam as atividades nervosas; e, as que vêm do Espírito, através da mente, destinam-se ao comando do corpo e às relações com o mundo exterior, pelos sentidos.

E há ainda energias mais poderosas, vindas do Alto, que sustentam o Espírito intimamente, através de canais psíquicos pouco conhecidos. O homem comum, pouco evoluído, normalmente desconhece essas energias e submete-se a elas inconscientemente.

Há pois energias de **condensação celular** retentoras de sintonia animal e outras, mais elevadas, que arrastam para cima, no fulcro ascensional.

As primeiras, vindas dos reinos naturais, materializam o homem e se refletem sobre o perispírito, densificando, de certa forma, suas células fluídicas. Por causa disso são lentas e difíceis as reações psíquicas de caráter ascensional; o Espírito, de onde poderiam vir poderosos impulsos nesse sentido, está ainda incapacitado de emiti-los, porque são insuficientes seu entendimento e capacidade volitiva.

Quando, pelo tempo, trabalhado pelas vicissitudes e ganhando experiências, almeja mudanças e começa a interferir, nesse momento é que esclarecimentos adequados e orientação evangélica operam nas almas transformações surpreendentes.

Considere-se que mais da metade da humanidade planetária desconhece tais esclarecimentos, não tiveram a ventura de recebê-los, nem estão preparados para isso e ingressam nos planos espirituais inteiramente alheios às suas realidades.

IV

Purificação do corpo:

Não nos referimos, é claro, à higiene pessoal ou qualquer outro cuidado de caráter exterior, mas sim a fatores intrínsecos, dos quais o principal é a alimentação.

Com a alimentação formada de produtos naturais puros, não animais, ajudamos as células a se libertarem ou reduzirem ao mínimo o processo de densificação. Mas a vibração própria dos produtos animais transmite-se às células, mantendo a densificação e o **ritmo vibratório do mundo animal**, dando à situação cada vez maior estabilidade e permanência.

Esse processo de densificação, contrário aos impulsos ascensionais do Espírito, influi fortemente no psiquismo humano, como elemento francamente retardador da espiritualização.

Essa é a razão mais ponderável de se desaconselhar a alimentação carnívora, quando se deseja apressar a evolução. No esforço de reforma íntima, eliminados que sejam os vícios comuns (fumo, álcool, etc.) e alterada convenientemente a alimentação, as células irão pouco a pouco se libertando da carga grosseira da vibração animal, desafogando-se e adquirindo uma tonalidade vibratória mais delicada; isso trará como consequência imediata uma melhor sintonia entre corpo e espírito, facilitando a atuação deste sobre os sentidos físicos e aumentando a sensibilidade perispiritual, permitindo ao Espírito maior facilidade nas ligações com o Plano Espiritual.

❖

Purificação do Espírito:

Além da ação cármica que houver, a purificação depende, em grande parte, da dominação ou, no mínimo, do controle dos sentidos, das paixões, dos impulsos inferiores e da formação de um *status* mental resguardado das atrações do mundo físico, apto aos selecionamentos e substituições aconselháveis.

A música é uma dessas substituições. Não a música irritante, sensual, neurótica, dos nossos dias, mas a música suave, harmoniosa, das melodias, ou a clássica, de certos compositores mais inspirados, que abrem nas almas portas largas à sensibilização; nem tampouco a música simplesmente técnica, exibidora de virtuosismo, mas a que fala aos sentimentos e os sintoniza com planos de vida mais elevados, produzindo calma, serenidade, enlevo.

A música é fator espiritualizante que satura o mundo celular de harmonias, relaxando-o e elevando o tônus vibratório do perispírito.

O homem rude, primário, sintoniza-se com música de baixo teor vibratório, que lhe recorda as vidas primitivas, enquanto que o mais evoluído prefere a música inspiradora e delicada, que o leva para fora do mundo grosseiro da matéria física.

São também elementos sensibilizadores a pintura, a escultura e as artes em geral, através das quais a alma humana procura expressões acima do mundo material; como, também, contatos estreitos e amiudados com a Natureza, onde se manifestam, abertas e livremente, as forças da Criação, o encanto e a beleza das formas e das cores, sobretudo a mensagem comovente e viva que está por detrás de tudo que seja manifestação do Deus criador.

Esses são fatores que educam os sentidos e os desviam das sensações grosseiras e negativas das paixões e desejos impuros que retardam a evolução, prendendo o homem à matéria perecível.

Na sua luta de todos os instantes os aprendizes devem orar e vigiar, controlando cuidadosamente os impulsos maus, e as atividades mentais, para evitar que, do subconsciente, venham à tona reminiscências negativas do pretérito animalizado, de há muito tempo ali acumuladas.

Organizem um programa de ação pessoal, conforme as possibilidades, escolhendo local e momentos propícios para meditações e cultura do silêncio, com fundo musical harmonioso e suave. Abram nessas horas as portas da imaginação focalizando precisamente o que desejam obter, de bom e de útil, ao seu adiantamento espiritual; essas imagens se irão integrando no seu subconsciente e trabalharão em silêncio para sua efetivação em futuro breve; e, em havendo mediunidade, com esse regime ela despertará mais facilmente, sem sobressaltos e violências, porque os benfeitores espirituais terão mais oportunidades de orientar e ajudar.

A evangelização verdadeira exige tudo isso que, aliás, é bem pouco, considerando-se os surpreendentes resultados que desses esforços advirão desde os primeiros dias.

Em resumo, para desenvolver a sensibilidade é preciso:

— descondensar as células orgânicas, adotando gradativamente alimentação natural, de produtos vegetais;

— dominar os impulsos inferiores dos sentidos físicos, utilizando práticas adequadas, de refreamento e desviamento;

— manter sintonia com o Plano Espiritual superior, sentindo, pensando e agindo sempre pelo Bem.

Considerem, porém, os aprendizes, o seguinte: desde que se disponham a purificar-se de corpo e espírito e a combater o mal, a começar de si mesmos, passam a ser automaticamente agentes do Bem, tornando-se, desde logo, alvos das forças das sombras.

Como defesa devem armar-se de compreensão, fé e humildade, sem o que não vencerão a ofensiva dos desejos, paixões e ambições, contra a sua capacidade de renúncia e de sacrifícios.

Em textos de sabedoria antiga lê-se isto: "Como a fumaça envolve a chama, a ferrugem o metal, e o útero materno a criança que vai nascer, assim o homem do mundo é envolvido pelos desejos".

Como os desejos, em geral, têm sua sede nos sentidos e na imaturidade do Espírito, nesse esforço de purificação grande poder tem a mente, através da qual o Espírito manifesta a sua vontade, conduz o corpo e utiliza a razão, para discernimento das coisas que o rodeiam; o Espírito é o elemento dominante do maravilhoso conjunto humano, o senhor do sistema, que possui as virtudes potenciais da própria Divindade Criadora da qual derivou e recebeu a graça da vida imortal.

Esses são fatores que asseguram todas as vitórias mas não sem luta...

Síntese da matéria exposta

Esta Iniciação Espírita visa:

a) a conquista do conhecimento espiritual verdadeiro, fora de qualquer limitação sectária ou exclusivista, o Espiritismo compreendido como doutrina racional, evolucionista e universalista.

A ortodoxia, útil quando dentro de limites justos, não deverá tornar-se um entrave à expansão doutrinária, respeitada a estrutura fundamental estabelecida na Codificação, o exame sensato e rigoroso do subsídio doutrinário que veio depois e continua a vir pela revelação mediúnica progressiva e que deve ser aceito e acrescentado ao corpo da

Doutrina, num trabalho discreto, prudente, porém liberal, de atualização;

b) a reforma íntima e a conquista de virtudes evangélicas, com preparação individual para as testemunhações públicas que a expansão da doutrina exige;

c) a transformação moral do homem velho, saturado de defeitos e fanatismos, em um ser renovado, esclarecido, cristianizado, espiritualizado;

d) o esclarecimento do maior número de pessoas, tendo em vista o selecionamento dos dias finais deste ciclo.

❖

A missão do Espiritismo é espiritualizar os homens antes desse selecionamento; essa espiritualização depende, em grande parte, do esforço individual de renovação, mas se o Espiritismo não conseguir interessar os homens nesse esforço, não terá obtido êxito em sua missão cósmica; esta Escola de Aprendizes do Evangelho, com a organização que recebeu, colabora em nosso meio para que esse objetivo seja alcançado no mais amplo nível possível.

❖

O que se refere à letra "a" desta síntese é conhecimento teórico indispensável, mas não fundamental e, muito menos, eliminatório; ao passo que em relação à letra "b" a falta de aproveitamento por parte do aprendiz é fator impossibilitante de prosseguimento, eliminatório, portanto; quem não demonstrar progresso na reforma íntima, mesmo que o demonstre em relação à parte teórica, não compreendeu as finalidades da Escola e inútil será prosseguir, pelo menos enquanto isso proceder.

Por outro lado, como a base da reforma é o Evangelho, ninguém pode escusar-se ao cumprimento rigoroso dos seus programas, com desvios ou argumentação capciosa.

Os dirigentes

Quanto aos dirigentes de turmas ou de cursos, além de tudo o mais que lhes compete, devem ter em vista e aplicar, sistematicamente, os recursos e meios viáveis e adequados à apuração do aproveitamento da renovação, sem o que sua tarefa não terá êxito. Cuidarão para que os pontos dados e os temas tenham em vista sobretudo o processamento dessa renovação, devendo ser posto em evidência tudo aquilo que valha como exemplo e regra de conduta, norma de ação, incentivo, estimulação e apoio para esse grande esforço exigido dos aprendizes.

Em certo sentido os dirigentes são os responsáveis pelo êxito das turmas que dirigem, quando não forem exemplo para todos e não orientarem o ensino e as práticas visando única e exclusivamente a finalidade redentora da iniciação. Se lhes confiaram o encaminhamento de centenas de aprendizes, tudo devem fazer para que não haja incompreensões, desânimos, fracassos e, só depois disso, estarão isentos de responsabilidade espiritual.

O melhor dirigente ou expositor de matéria não é aquele que conhece bem o ponto a ser dado e cita com boa memória passagens do Evangelho, mas aquele que retira dos pontos e dos temas elementos valiosos de edificação moral, que valem como diretrizes justas e estímulos para o prosseguimento da luta difícil na qual os aprendizes estão empenhados.

Os expositores

O índice mental de uma classe de aprendizes é normalmente o mediano e também por isso a direção do ensino não lhes deve fazer maiores exigências da natureza intelectual. Por isso, também é recomendável que os pontos e os temas previamente sejam estudados, e compreendidos na sua verdadeira significação iniciática, isto é, nas suas relações e consequências com o que se visa oferecer aos candidatos.

A exposição deve ser feita de forma clara, acessível e simples, fugindo o expositor a terminologia empolada ou pedante, com tiradas literárias ou filosóficas de difícil entendimento, que muitas vezes somente servem para evidenciar a vaidade dos seus autores. Simplicidade, clareza, método e síntese, eis as qualidades que devem ter as exposições doutrinárias, a melhor maneira de se apresentar os assuntos e torná-los acessíveis e úteis a todos.

A testemunhação

Esta parte é essencial porque demonstra, logo à primeira vista, o quanto os aprendizes estão progredindo no conhecimento das coisas e na preparação moral exigida pela reforma, como também indica como se vai processando no seu íntimo essa tão desejada transformação. Devem eles, portanto, aproveitar todas as oportunidades para essas exteriorizações do espírito, que valem como auto-testes no decorrer da luta difícil que encetaram; e quando os dirigentes, por qualquer motivo, não estejam atentos à necessidade do fornecimento de estímulos e oportunidades, devem agir por si próprios, criando circunstâncias favoráveis, aceitando encargos e realizando tarefas de cooperação que lhes permitam o exercitamento indispensável.

E certos podem estar de que, na medida em que se forem tornando aptos, o Plano Espiritual lhes vai abrindo portas à frente, oferecendo-lhes campos cada vez mais vastos, para esse exercitamento, até que sejam dados como capazes de coisas maiores e mais úteis.

Diretrizes

Quem entra nesta Escola e ouve aulas, palestras, toma parte em reuniões e atos sociais, mas não realiza a reforma íntima, melhora, talvez, sua cultura geral, mas movimenta-se somente à superfície do problema principal, não lhe atinge o fundo e, portanto, não o resolve, perdendo preciosa oportunidade de progredir espiritualmente, nesta atual encarnação.

Quem vive sua vida cumprindo unicamente seus deveres para com o mundo e se devota firmemente à sua renovação espiritual, está nos primeiros degraus da escada difícil que leva aos mundos superiores. **É aprendiz do Evangelho**.

Aquele que já sentiu despertar em seu coração o interesse pelo próximo e suas necessidades, o desejo de servir, e a isso se empenha com sinceridade, renunciando ao seu próprio repouso e comodidades, subiu mais alguns degraus na longa ascensão. **É um servidor.**

Mas aquele que vive no mundo e dele se desprende, ligando-se fortemente a Deus e devotando-se ao Bem, sem exclusivismos; que se esforça por viver o Evangelho em tudo que pode, esquecendo-se de si mesmo, este subiu muitos degraus e à hora da morte estará mais próximo do Senhor; atravessará a **Porta Estreita** e entrará no Caminho do Reino. **É discípulo.**

Mas tenham presente que quem serve a Espíritos inferiores, sabendo que o são, com eles se identifica, e encarna neste mundo sob domínio desses Espíritos; como, também, que há muitos que vivem nas sombras e combatem pensando que servem à Luz e que o **Evangelho é luz que ilumina todos os caminhos.**

Fecha pois as portas dos teus sentidos a tudo aquilo que possa diminuir ou aniquilar o valor do teu esforço de purificação interna e abre a tua alma para a Luz, pois dela emanam sempre eflúvios saneadores e inspirações salvadoras.

Despreocupa-te da opinião de estranhos e faz a tua parte silenciosa e humildemente, dentro de ti mesmo, em comunhão estreita com Deus; pelos caminhos do amor que o Evangelho espelha, Ele se torna acessível muito mais depressa.

Crê firmemente na Sua ajuda e na Sua presença em tudo e em ti mesmo, mesmo sem o perceberes; na água que bebes, no alimento que ingeres, no teto que te cobre, no aconchego do lar, na liberdade de pensar e de agir, na luz do sol que alumia e aquece, nas cores vivas e no aroma das flores e dos frutos, nos sons da Natureza, nos vastos horizontes, nas madrugadas e nos crepúsculos, na certeza feliz da vida imortal.

Em tudo Deus está presente, envolvendo-te com o Seu divino amor, dando-te esperanças, forças e paciência.

Esforça-te dia a dia e de cada vez teus olhos ficarão mais abertos para os esplendores da vida espiritual; e quando as lutas desta encarnação chegarem ao seu fim e voltares ao grande lar do espaço infinito, com surpresa verás que foi nos Seus braços amorosos que viveste neste mundo escuro e neles mesmos foste levado à ressurreição da morte.

Mas jamais te esqueças que a eterna caravana dos mortais conta bilhões e todos seguem os mesmos rumos, sob o látego dos sofrimentos e das dores comuns; verás que essa caminhada terrível segue veredas sombrias; mas a meta é sempre a mesma para todos, a saber: os alvos cimos onde as dores não mais penetram, pois para isso Jesus trouxe ao mundo a redenção.

E a luz que alumia a caminhada escura vem do Evangelho, o mesmo que queres ajudar a propagar no mundo; e os penitentes são "o próximo" a quem Jesus se referia e que tu, por fim, aprendeste a servir e a amar como discípulo.

Olha tudo com grandeza e esperança, mas recorda-te que só se é grande na humildade, **servindo**, e isso podes.

Segue pois com eles, sofrendo e ajudando como um exemplo vivo do que o Mestre ensinou quando disse: "o que fizeres em benefício de um destes pequeninos é a mim que o farás".

E assim estarás fazendo mais que dar o pão ao corpo perecível, pois que estarás abrindo os olhos e conduzindo os teus semelhantes pelos caminhos alvos que levam ao Reino Eterno da Luz.

A grande tarefa

Além do mais, é também finalidade principal desta Escola: aumentar o número daqueles que atendem ao chamamento e desejam devotar-se à revivescência do Cristianismo Primitivo; preparar os guerreiros para os duros embates que se vão ferir, neste período difícil e tormentoso do transcurso deste ciclo evolutivo; lançá-los depois na batalha redentora cujo chefe é Aquele que disse: "vinde a mim todos vós que sofreis, que ansiais por justiça, que estais desamparados e necessitais proteção; que estais perdidos e não atinais com os rumos certos, que estais nas trevas e ignorais a existência da Luz; vinde a mim e encontrareis a salvação".

Esse é o nosso condutor divino, que aplaina os caminhos dizendo: "Eu sou o caminho, a verdade e a vida e ninguém vai ao Pai senão por mim".

Preparai-vos pois, aprendizes, burilando vossas almas, enobrecendo-as com virtudes, purificando-as, vencendo a animalidade inferior, desprendendo-vos do mundo, lembrando-vos também destas palavras: "aquele que amar a vida pelo amor do mundo, perdê-la-á, mas aquele que perder a vida por amor de mim, achá-la-á e ainda mais sublime e para sempre".

Quando atingirdes nesta Escola o grau de discípulo e fordes declarados prontos para as grandes lutas, que então possais ouvir de novo essas palavras de Jesus, não mais somente em vossos ouvidos mas sim na profundidade de vossas almas esclarecidas.

❖

O Espiritismo oferece à humanidade oportunidades de recuperar o tempo perdido e preparar-se, com relativa rapidez, para enfrentar as transformações a virem no fim deste ciclo, com a separação dos bons e dos maus.

O mundo regenerado que virá em seguida terá novo aspecto e o Evangelho será a norma de conduta dos seus habitantes; e os costumes e leis serão também diferentes, espelhando virtudes cristãs, a duras penas conquistadas nas vidas anteriores.

Enquanto, pois, é tempo, aproximemo-nos das verdades espirituais veiculadas pela Doutrina dos Espíritos, que antes de tudo exige a reforma moral dos adeptos, semelhantemente ao que ocorreu nos tempos de Jesus, quando o Precursor mergulhava simbolicamente os israelitas nas águas do rio Jordão, para que se purificassem e pudessem merecer o Reino de Deus, que o Messias esperado vinha implantar na Terra.

Pois chegou agora o momento dessa conquista espiritual, não como antigamente, para um só povo, mas para toda a humanidade; porque o Messias veio, apontou os caminhos, selou com o seu sangue suas promessas de redenção, um tempo bem longo já passou, restando agora o selecionamento dos homens, para separar os que merecem viver nesse reino prometido.

Importante é saber que a base dessa escolha será justamente a claridade própria individual indicadora do grau de evangelização de cada um. E não haverá apelo para esse julgamento.

❖

Eis como se expressou um aprendiz das primeiras turmas, que dá aqui forte testemunho em favor das afirmativas que se fazem neste trabalho e que pode ser multiplicado por milhares:

"Eu não acreditava em nada, não tinha esperança de nada, vivia como um animal simplesmente racional, dominado pelas ambições da matéria e pelos instintos inferiores.

Numa tarde de que nunca mais me esquecerei, deixei-me arrastar por um amigo e compareci a uma aula da Escola de Aprendizes do Evangelho.

Os acordes harmoniosos do "Largo" de Haendel e as palavras comovedoras da prece que foi cantada, me trouxeram um extraordinário bem-estar, calaram muito fundo na minh'alma atribulada e creio que marcaram os novos caminhos que eu deveria percorrer daí em diante.

Hoje, do homem que fui, pouco mais resta. Achei meu caminho e nele encontrei o que nunca tive antes, que é a consolação, alegria e esperança de vida melhor e mais feliz".

O que faltava a esse aprendiz era o que ele encontrou e que, da mesma forma, encontra todo aquele que busca o rumo certo da vida espiritual, com honestidade, e permanece nele.

❖

E por fim, as palavras do venerável benfeitor Bezerra de Menezes:

"O iniciante em qualquer escola espiritual caminha como se seus pés não tocassem o solo, de tal forma tem postos nas esferas superiores mente e coração. Mas, invariavelmente, vem a tropeçar, pois a ninguém é dado atingir a perfeição de súbito, ainda que muito se possa vencer de um golpe, num impulso libertador e santificante.

O discípulo esclarecido e corajoso contempla a pedra que o deteve, anota-lhe o peso e a localização, analisa o motivo pela qual a encontrou, e adquire valiosa experiência.

O discípulo entusiasta, mas pusilânime, avista no menor obstáculo intransponível montanha e se detém à margem do caminho, perdendo preciosas oportunidades de ascensão.

Existe terceira categoria de discípulos, talvez a mais útil às entidades empenhadas na continuação do mal na Terra, pois que, de certa forma, com elas colaboram, inconscientes, porém responsáveis; tropeçam e não o percebem; detêm-se, mas julgam estar ainda avançando; as sombras os envolvem, mas crêem-se portadores de luz; erram, acreditando praticar sublimes ensinamentos; o bem que realizam traz de envolta muito mal, mas se consideram assessores de Jesus.

O quadro é velho conhecido dos espíritas sob os nomes de obsessões e fascinação, nascidas da vaidade, do temor ou da sintonia com quaisquer correntes maléficas na obediência a impulsos inferiores. E o discípulo, nessas condições, recebe inefáveis bênçãos de Jesus, sem o perceber, exaltado às vezes pela contemplação das próprias obras, que a seus olhos avultam como realizações plenas do mérito, sendo simplesmente o socorro de Deus aos sofredores, sem que o desvalor dos intermediários o diminua.

Parece haver razões para que temamos, e outras para que nos maravilhemos. Mas como nos atemorizarmos se o Mestre descreveu, sim, dores e sofrimentos, mas afirmou que ao fim toda a lágrima seria enxugada? E por que nos maravilharmos se disse, com tal singeleza, que faríamos maiores obras que as Suas?

Tudo vem de Deus, ou com Sua permissão: sofrimentos acerbos ou esplêndidas realizações. Confiemos em Sua amorosa sabedoria; que tenhamos antes os olhos postos no Redentor do Mundo do que nas trevas do caminho e na pobre claridade de nossas almas, pálido reflexo da Divina Luz".

Aliança

Confira outros títulos

Iniciação Espírita

21x28
248 páginas

O Redentor

16x23
192 páginas

Vivência do Espiritismo Religioso

16x23 / 448 páginas

Mediunidade

16x23
224 páginas

Passes e Radiações

16x23
160 páginas

Desenvolvimento Mediúnico

14x21
80 páginas